Cher lecteur,

L'entretien d'embauche est une étape cruciale dans le parcours vers un nouvel emploi. C'est le moment où vous avez l'opportunité de présenter vos compétences, votre expérience et votre personnalité à un potentiel employeur. Cependant, cette opportunité peut être accompagnée de stress, d'anxiété et d'un manque de confiance en soi, ce qui peut entraver votre performance.

C'est précisément pour vous aider à surmonter ces défis et à aborder vos entretiens d'embauche avec confiance que ce livre a été écrit. "Confiance en Soi en Entretien d'Embauche" est conçu pour être votre guide, votre allié et votre source d'inspiration à chaque étape de votre recherche d'emploi.

Dans les pages qui suivent, vous découvrirez des stratégies éprouvées pour développer et maintenir une confiance en soi solide. Nous explorerons ensemble les subtilités de l'entretien d'embauche, des étapes de préparation initiale jusqu'au suivi post-entretien. Vous apprendrez à comprendre les attentes des recruteurs, à vous préparer de manière efficace et à vous présenter de manière convaincante.

La confiance en soi ne se limite pas à une simple attitude positive, c'est une compétence que vous pouvez développer et renforcer. Ce livre vous offrira des outils pratiques, des exemples concrets et des exercices pour vous aider à progresser dans votre confiance en soi en entretien d'embauche.

Il est important de noter que vous n'êtes pas seul dans cette aventure. De nombreuses personnes ont ressenti les mêmes doutes et incertitudes que vous. Ce livre vous rappellera que la confiance en soi est une compétence que l'on peut acquérir, et qu'avec de la pratique et de la persévérance, vous pouvez vous épanouir dans n'importe quel entretien.

Que vous soyez un jeune diplômé à la recherche de votre premier emploi ou un professionnel chevronné cherchant à avancer dans votre carrière, "Confiance en Soi en Entretien d'Embauche" est conçu pour vous apporter des conseils précieux, des perspectives inspirantes et des astuces pour briller lors de vos entretiens.

Nous espérons que ce livre vous donnera l'assurance dont vous avez besoin pour atteindre vos objectifs professionnels, pour décrocher le poste de vos rêves et pour continuer à progresser dans votre carrière.

Nous vous souhaitons un voyage fructueux et inspirant à travers les pages de ce livre, et nous croyons en vous. Avec la confiance en soi et les compétences que vous acquerrez ici, vous serez prêt à relever tous les défis qui se présentent à vous.

Bonne lecture, et que votre confiance en soi vous guide vers un avenir professionnel radieux.

Introduction

Lorsqu'il s'agit de décrocher le poste de nos rêves, l'entretien d'embauche est bien souvent la clé qui ouvre la porte vers de nouvelles opportunités professionnelles. C'est une étape cruciale, un moment où nos compétences, notre expérience et notre personnalité sont soumis à un examen minutieux. Cependant, cet événement tant redouté peut être une source de stress, d'anxiété, voire de doutes paralysants.

C'est à ce moment précis que la confiance en soi entre en jeu. Votre confiance en vous peut être la différence entre une réponse positive et une déception, entre décrocher ce poste convoité et repartir bredouille. Elle est l'ingrédient magique qui fait briller vos compétences, qui vous permet de répondre avec assurance aux questions des recruteurs, et qui transmet l'assurance que vous êtes la personne idéale pour le travail.

Ce livre, "Confiance en Soi en Entretien d'Embauche," est votre guide pour développer cette confiance en vous, l'entretenir et la mettre en pratique lors de ces entretiens cruciaux. Vous découvrirez des stratégies éprouvées pour briser le cycle de l'autodoute et de l'incertitude, et pour vous armer des compétences nécessaires pour réussir. Nous allons plonger dans les détails, de la préparation initiale jusqu'au suivi post-entretien, pour vous fournir les connaissances et les compétences essentielles pour faire forte impression.

1. L'entretien d'embauche : une étape cruciale

Dans ce livre, nous allons explorer en profondeur les différentes étapes de l'entretien d'embauche. De la préparation initiale, à l'entretien lui-même, en passant par le suivi post-entretien, nous vous guiderons à travers chaque étape. Vous découvrirez comment éviter les pièges courants et comment vous préparer efficacement pour briller le jour J.

2. Le rôle de la confiance en soi

La confiance en soi est le fil conducteur de ce livre. Nous examinerons ce qu'elle est, comment elle fonctionne, et les facteurs qui l'influencent. Vous comprendrez comment l'estime de soi, les expériences passées et la préparation sont liées à votre confiance en vous. Plus important encore, nous vous montrerons comment identifier les signes de manque de confiance en soi et comment les surmonter.

3. Objectifs du livre

Les objectifs de ce livre sont clairs. Nous visons à vous fournir des outils, des astuces et des compétences pratiques pour développer et maintenir votre confiance en soi en entretien d'embauche. Vous apprendrez comment maîtriser l'art de la communication non verbale, comment gérer le discours, et comment répondre avec assurance aux questions difficiles. En fin de compte, notre objectif est de vous aider à réussir lors de vos entretiens d'embauche et à propulser votre carrière vers de nouveaux sommets.

Alors, si vous êtes prêt à embrasser le pouvoir de la confiance en soi et à transformer vos entretiens d'embauche en opportunités de réussite, tournez la page et plongez dans les pages suivantes. Votre avenir professionnel est entre vos mains, et avec ce guide, vous serez armé pour atteindre vos objectifs.

Chapitre 1 : Comprendre les Enjeux de l'Entretien d'Embauche

L'entretien d'embauche est bien plus qu'une simple conversation entre un recruteur et un candidat. C'est un moment de vérité, une opportunité de prouver votre valeur, de convaincre que vous êtes la personne idéale pour le poste. Ce chapitre, "Comprendre les Enjeux de l'Entretien d'Embauche," a pour objectif de vous préparer à cette étape cruciale de votre recherche d'emploi.

Les différentes étapes d'un entretien d'embauche

L'entretien d'embauche est bien plus qu'une simple conversation entre un recruteur et un candidat. C'est un processus qui se déroule en plusieurs étapes, chacune jouant un rôle clé dans la prise de décision des employeurs. Comprendre ces étapes est essentiel pour naviguer avec succès dans ce processus.

La première étape : La préparation

La préparation, première étape cruciale de l'entretien d'embauche, est littéralement la fondation sur laquelle repose tout le processus. C'est ici que vous construisez votre confiance, élaborez votre stratégie et jetez les bases de votre succès futur. La préparation consiste en une série d'actions réfléchies qui vous permettront de briller lors de votre entretien. Voici pourquoi elle est si essentielle :

1. Collecte d'informations essentielles

La recherche sur l'entreprise est une composante essentielle de la préparation. Vous devez plonger dans le monde de l'entreprise que vous visez, en comprenant sa culture, ses valeurs, sa mission, et son histoire. Vous devrez également étudier le poste pour lequel vous postulez, en analysant les compétences et les qualités recherchées. Cette connaissance approfondie vous permettra de personnaliser vos réponses et de montrer que vous avez pris le temps de comprendre l'entreprise.

2. Anticipation des questions

Pendant la phase de préparation, vous devrez anticiper les questions qui pourraient vous être posées lors de l'entretien. Cela inclut les questions sur votre expérience passée, vos compétences techniques, vos réalisations et vos défis rencontrés. En réfléchissant à ces questions à l'avance, vous serez mieux préparé à fournir des réponses claires et convaincantes lors de l'entretien.

3. Structure des réponses

Une partie cruciale de la préparation consiste à structurer vos réponses de manière à les rendre claires et pertinentes. Les recruteurs apprécient des réponses bien organisées qui démontrent votre capacité à communiquer efficacement. Passez du temps à penser à la manière dont vous présenterez vos compétences, vos réalisations et vos exemples concrets pour illustrer votre valeur en tant que candidat.

4. Gestion du stress et de l'anxiété

La préparation ne se limite pas à la récolte d'informations et à la planification de vos réponses. Elle inclut également des stratégies pour gérer le stress et l'anxiété qui sont souvent associés aux entretiens d'embauche. La méditation, la respiration profonde, ou simplement la visualisation positive peuvent vous aider à rester calme et concentré pendant l'entretien.

En investissant du temps et de l'effort dans cette phase cruciale de préparation, vous renforcez votre confiance en vous. Vous vous armez de connaissances, de compétences et de ressources pour faire face à l'entretien avec sérénité. La préparation est votre alliée, votre boussole dans l'arène de l'entretien d'embauche. Elle vous donne la confiance nécessaire pour vous présenter de manière convaincante et pour faire forte impression. Elle est la première étape vers votre succès à venir.

La deuxième étape : L'entretien en lui-même

1. L'entretien en lui-même : Le Moment de Vérité

L'entretien en lui-même est le moment où les mots sur votre CV prennent vie. C'est là que votre confiance en vous, votre capacité à communiquer de manière efficace, et votre aptitude à convaincre que vous êtes la personne idéale pour le poste sont mises à l'épreuve. Imaginez cette phase comme une pièce de théâtre où vous êtes à la fois l'acteur principal et le scénariste de votre propre histoire professionnelle.

2. La Communication Efficace

Lors de l'entretien, la communication est la clé. Vous devez être capable de répondre de manière claire et convaincante aux questions des recruteurs. Cela signifie éviter les réponses monosyllabiques et fournir des exemples concrets de votre expérience passée. Vous devrez démontrer votre expertise et montrer que vous avez les compétences nécessaires pour exceller dans le poste. La communication non verbale est tout aussi importante, avec la posture, le contact visuel et le langage corporel contribuant à l'impression que vous laissez.

3. Montrer Votre Engagement et Votre Adaptabilité

L'entretien est également l'occasion de montrer votre enthousiasme pour le poste et pour l'entreprise. Vous devrez expliquer pourquoi vous êtes passionné par cette opportunité en particulier et comment votre expérience antérieure vous a préparé pour le rôle. En outre, les recruteurs recherchent des candidats qui sont capables de s'adapter aux changements et de s'intégrer dans la culture de l'entreprise. Vous devrez donc démontrer votre flexibilité et votre capacité à travailler en équipe.

4. Poser Vos Propres Questions

N'oubliez pas que l'entretien est un échange à double sens. C'est également votre chance d'évaluer si l'entreprise correspond à vos attentes. Posez des questions sur la culture de l'entreprise, les défis du poste, les opportunités de développement, et les attentes envers le candidat. Vos questions montreront que vous êtes un candidat réfléchi et que vous prenez votre recherche d'emploi au sérieux.

En somme, l'entretien en lui-même est l'occasion de briller en tant que candidat. C'est le moment où vous transformez vos compétences et votre expérience en une véritable opportunité professionnelle. Préparez-vous à cette étape avec soin, montrez votre enthousiasme, démontrez vos compétences techniques et comportementales, et assurez-vous de laisser une impression positive. L'entretien est l'occasion de transformer vos aspirations professionnelles en réalité, et la confiance en soi que vous avez bâtie dans la phase de préparation vous guidera vers le succès.

La troisième étape : Le suivi post-entretien

1. Le Suivi Post-Entretien : La Dernière Impression Compte

Après avoir franchi avec succès l'étape de l'entretien, de nombreux candidats commettent l'erreur de négliger le suivi post-entretien. Cependant, cette phase est loin d'être une simple formalité. En réalité, le suivi post-entretien peut avoir un impact significatif sur le résultat final de votre candidature.

2. Reconnaissance et Professionnalisme

Le premier élément du suivi post-entretien consiste à remercier les intervieweurs pour leur temps. C'est une marque de respect et de professionnalisme. Il montre que vous avez apprécié l'opportunité qui vous a été offerte et que vous êtes reconnaissant envers ceux qui ont pris le temps de vous rencontrer. Un simple courriel de remerciement peut faire une grande différence.

3. Réitération de l'Intérêt

En plus des remerciements, le suivi post-entretien est également le moment de réitérer votre intérêt pour le poste et l'entreprise. Cela démontre que vous êtes toujours passionné par l'opportunité et que vous considérez le poste comme une étape essentielle dans votre carrière. C'est également l'occasion de réaffirmer votre adéquation avec le rôle et l'entreprise.

4. Correction d'Oublis

Si vous avez réalisé après l'entretien que vous avez omis de mentionner quelque chose d'important ou si vous avez des informations pertinentes à partager, le suivi post-entretien est le moment de le faire. Vous pouvez fournir des détails supplémentaires sur votre expérience, vos réalisations ou vos compétences qui pourraient être utiles pour votre candidature. Cela montre que vous êtes réactif et soucieux de fournir des informations complètes.

5. La Dernière Impression Compte

Le suivi post-entretien est en fin de compte la dernière impression que vous laissez aux recruteurs. Il peut influencer leur décision finale. En montrant votre sérieux, votre gratitude et votre intérêt continu pour le poste, vous renforcez votre candidature. C'est une opportunité de laisser une impression positive qui peut faire pencher la balance en votre faveur.

En somme, ne sous-estimez pas l'importance du suivi post-entretien. Il peut être un facteur décisif pour décrocher le poste que vous convoitez. En prenant le temps de remercier, de réitérer votre intérêt et de corriger d'éventuels oublis, vous montrez que vous êtes un candidat déterminé et professionnel. Le suivi post-entretien est votre dernière chance de briller dans le processus de sélection, alors saisissez cette opportunité avec sérieux et confiance.

En comprenant ces étapes et en les abordant de manière méthodique, vous serez mieux préparé à réussir lors de votre prochain entretien d'embauche. Chacune de ces étapes joue un rôle clé dans la construction de votre candidature et dans la démonstration de votre adéquation pour le poste. Alors, prenez le temps de vous préparer, soyez confiant lors de l'entretien, et n'oubliez pas le suivi post-entretien. Ce sont les pierres angulaires de votre réussite dans le processus de recherche d'emploi.

La préparation

La Préparation : Votre Passage Obligé vers la Confiance

La Préparation : Le Fondement de Votre Succès Futur

La première étape du processus d'entretien d'embauche est la préparation, et il est essentiel de comprendre que c'est une étape incontournable. C'est à ce stade que vous construisez les fondations sur lesquelles reposera votre succès futur. La préparation est une série d'actions cruciales qui vous confèrent la confiance, les connaissances et les compétences nécessaires pour aborder l'inconnu avec une sérénité inébranlable.

1. Comprendre l'Entreprise

L'une des pierres angulaires de la préparation est la recherche sur l'entreprise. Il s'agit de plonger profondément dans l'univers de l'entreprise que vous ciblez. Vous explorez sa culture, ses valeurs, sa mission, son histoire. Cette connaissance approfondie vous permet de personnaliser vos réponses et de montrer que vous avez consacré du temps et de l'effort à la compréhension de l'entreprise. Cela démontre à vos interlocuteurs que vous êtes sérieux et que vous avez un réel intérêt pour l'entreprise.

2. Anticiper les Questions

Un aspect crucial de la préparation consiste à anticiper les questions qui pourraient vous être posées. Les recruteurs cherchent à obtenir des informations sur votre expérience, vos compétences techniques, vos réalisations, et les défis auxquels vous avez été confronté. En réfléchissant à ces questions à l'avance, vous vous dotez d'un avantage significatif. Vous pouvez structurer vos réponses de manière à les rendre claires, pertinentes et convaincantes.

3. Structurer Vos Réponses

La préparation ne se limite pas à la réflexion sur les questions. Elle inclut également la structuration de vos réponses pour les rendre plus efficaces. Les recruteurs apprécient des réponses bien organisées qui reflètent votre capacité à communiquer de manière cohérente. Vous réfléchissez à la manière dont vous allez présenter vos compétences, vos réalisations, et vous préparez des exemples concrets pour illustrer votre valeur en tant que candidat. Vous élaborez des anecdotes et des arguments convaincants pour soutenir vos réponses.

4. Gestion du Stress et de l'Anxiété

La préparation englobe également des stratégies pour gérer le stress et l'anxiété, qui peuvent souvent accompagner les entretiens d'embauche. La méditation, la respiration profonde, ou même la visualisation positive peuvent vous aider à rester calme et concentré pendant l'entretien. Vous construisez une boîte à outils émotionnelle pour faire face à l'incertitude et à la pression qui peuvent surgir.

La préparation est le socle sur lequel repose votre confiance lors de l'entretien d'embauche. En investissant du temps et de l'effort dans cette étape, vous construisez une base solide qui vous donne l'assurance que vous êtes prêt à affronter n'importe quel entretien. C'est votre alliée, votre bouclier contre l'incertitude. En vous préparant de manière méthodique, vous augmentez vos chances de briller et de convaincre les recruteurs que vous êtes le candidat idéal pour le poste. Vous faites de la première étape de l'entretien votre avantage compétitif, et c'est la confiance que vous y gagnez qui vous guidera tout au long du processus.

Apprendre à Connaître l'Entreprise

1. L'Art de la Recherche sur l'Entreprise : Le Fondement de Votre Préparation

Lorsque l'on parle de préparation pour un entretien d'embauche, la recherche sur l'entreprise est une étape cruciale qui ne doit en aucun cas être sous-estimée. C'est un processus qui vous plonge au cœur de l'entreprise que vous aspirez à rejoindre, et il repose sur l'exploration de sa culture, de ses valeurs, de sa mission, et de son histoire. Cette connaissance approfondie constitue un pilier essentiel pour structurer votre succès futur en entretien, et voici pourquoi.

2. Comprendre la Culture de l'Entreprise

La culture d'une entreprise est son ADN, c'est ce qui définit sa personnalité et la manière dont elle fonctionne au quotidien. En plongeant dans la culture de l'entreprise que vous ciblez, vous cherchez à comprendre sa dynamique interne, sa philosophie de travail, et les principes qui guident ses employés. Cette compréhension vous permettra de montrer aux recruteurs que vous êtes déjà en phase avec l'entreprise, que vous pourrez vous intégrer rapidement, et que vous partagez ses valeurs.

3. Explorer les Valeurs et la Mission

Les valeurs et la mission d'une entreprise sont sa boussole morale. Elles définissent ce qu'elle considère comme important et guident ses actions et ses décisions. En étudiant ces éléments, vous saurez ce qui est au cœur de l'entreprise et comment elle se positionne dans son secteur. Vous pourrez ainsi relier vos propres valeurs et votre vision à celles de l'entreprise, montrant que vous êtes aligné sur sa mission.

4. Plonger dans l'Histoire

L'histoire d'une entreprise est son récit, c'est là que vous trouverez les jalons qui ont façonné son évolution. En connaissant son passé, vous serez mieux préparé pour parler de son présent et de son avenir. Vous pourrez montrer que vous avez pris le temps d'étudier son parcours, et que vous comprenez les défis auxquels elle a fait face et ses réussites.

5. Investissement, Sérieux, et Intérêt

Lorsque vous investissez du temps et de l'effort dans la recherche sur l'entreprise, vous démontrez votre sérieux et votre intérêt pour le poste. Vous montrez aux recruteurs que vous n'avez pas envoyé votre candidature à la légère, mais que vous avez choisi cette entreprise en connaissance de cause. Cette connaissance approfondie devient un atout majeur lorsque vous personnalisez vos réponses pendant l'entretien, montrant que vous avez déjà un pied dans la porte de l'entreprise.

En fin de compte, la recherche sur l'entreprise est l'art de comprendre non seulement qui elle est, mais aussi comment vous pouvez vous y intégrer de manière harmonieuse. C'est le fondement de votre préparation, la base sur laquelle vous construisez votre confiance et votre stratégie. En l'explorant minutieusement, vous démontrez votre engagement envers le poste et l'entreprise, ce qui peut faire toute la différence lors de l'entretien. C'est une preuve de votre sérieux et de votre détermination, et cela se traduit par une confiance en vous inébranlable.

Anticiper les Questions

1. Anticiper les Questions : Le Pouvoir de la Préparation

Au cœur de votre préparation pour un entretien d'embauche, se trouve l'anticipation des questions. Il s'agit d'une étape essentielle, car les recruteurs sont à la recherche d'informations spécifiques sur votre expérience, vos compétences techniques, vos réalisations, et les défis que vous avez relevés. En anticipant ces questions à l'avance, vous vous dotez d'un avantage significatif. Voici pourquoi cette préparation est si précieuse.

2. Comprendre les Attentes des Recruteurs

Les recruteurs utilisent les questions pour évaluer si vous correspondez au profil recherché pour le poste. Ils veulent en savoir plus sur votre parcours professionnel, vos compétences, et votre capacité à relever des défis. En anticipant les questions, vous démontrez que vous comprenez leurs attentes et que vous êtes prêt à y répondre de manière pertinente.

3. Structurer Vos Réponses

Anticiper les questions ne signifie pas mémoriser des réponses par cœur, mais plutôt réfléchir à la manière dont vous allez structurer vos réponses. Vous envisagez comment présenter vos compétences, vos expériences et vos réalisations de manière claire et convaincante. Cela vous permet de ne pas vous laisser submerger par le stress de l'entretien et de vous exprimer de manière cohérente.

4. Préparer des Exemples Concrets

Les exemples concrets sont essentiels pour étayer vos réponses. Vous pouvez anticiper les questions en préparant des anecdotes qui illustrent vos compétences et vos réalisations. Ces exemples permettent de donner de la crédibilité à vos déclarations et montrent que vous avez une expérience pratique pour appuyer vos compétences.

5. Gagner en Confiance

Lorsque vous anticipez les questions, vous gagnez en confiance. Vous n'êtes pas pris au dépourvu, mais plutôt préparé à aborder les sujets qui vous seront posés. Cette confiance se reflète dans votre attitude et votre communication lors de l'entretien, ce qui peut jouer un rôle déterminant pour convaincre les recruteurs de votre adéquation avec le poste.

En fin de compte, anticiper les questions est une stratégie puissante pour vous préparer mentalement et émotionnellement à l'entretien. Cela vous permet de montrer que vous avez la capacité de répondre de manière convaincante aux attentes des recruteurs et que vous êtes prêt à relever le défi. Cette préparation renforce votre confiance et vous aide à briller lors de l'entretien, en démontrant que vous avez les compétences et l'expérience nécessaires pour exceller dans le poste. C'est un acte de préparation qui transforme l'incertitude en confiance.

Structure des Réponses

1. Structurer Vos Réponses : L'Art de la Communication Convaincante

La préparation pour un entretien d'embauche ne se résume pas à la simple anticipation des questions ; elle va bien au-delà. Elle inclut également la nécessité de structurer vos réponses de manière à les rendre non seulement claires, mais également puissamment persuasives.

Les recruteurs apprécient les réponses bien organisées, car elles démontrent votre capacité à communiquer de manière cohérente et à présenter vos compétences, réalisations et exemples concrets de manière à illustrer votre valeur en tant que candidat. Voici pourquoi cette dimension de la préparation est essentielle.

2. L'Importance de la Structure

Une réponse bien structurée est comme un chemin balisé pour les recruteurs. Elle les guide de manière logique à travers l'information que vous partagez, facilitant leur compréhension et leur évaluation. Une réponse désorganisée peut rendre difficile la capture des points essentiels, ce qui peut compromettre votre capacité à convaincre.

3. Clarté et Pertinence

Une structure soignée renforce la clarté de vos réponses. Les recruteurs apprécient des informations qui sont faciles à comprendre, et une réponse structurée contribue à cet objectif. Elle vous permet de mettre en avant les éléments les plus pertinents de votre expérience et de vos compétences, évitant les digressions inutiles.

4. Présenter Vos Compétences

Structurer vos réponses est également une opportunité de présenter vos compétences de manière organisée et convaincante. Vous pouvez mettre en avant des exemples concrets qui illustrent vos compétences, montrant que vous ne parlez pas en théorie, mais que vous les avez mises en pratique avec succès dans le passé.

5. Anecdotes et Arguments Convaincants

Dans le cadre de la préparation, vous pouvez également élaborer des anecdotes et des arguments convaincants pour étayer vos réponses. Les anecdotes sont des récits concrets de situations passées qui démontrent votre capacité à faire face à des défis ou à obtenir des résultats. Les arguments solides sont des déclarations qui soutiennent vos compétences et vos réalisations de manière concise et puissante.

6. Le Pouvoir de la Conviction

Une réponse bien structurée est un moyen de renforcer votre pouvoir de conviction. Elle montre que vous avez réfléchi de manière approfondie à votre expérience et à vos compétences, et que vous êtes capable de les présenter de manière logique. Cela renforce votre crédibilité et votre confiance, des atouts essentiels lors d'un entretien d'embauche.

En somme, structurer vos réponses est une étape cruciale de la préparation pour un entretien d'embauche. Cela va au-delà de la simple anticipation des questions, car cela consiste à mettre en place une stratégie de communication persuasive. En présentant vos

compétences, réalisations et exemples concrets de manière organisée et convaincante, vous montrez que vous êtes le candidat idéal pour le poste. Une réponse bien structurée devient votre outil pour convaincre les recruteurs de votre valeur, transformant votre préparation en succès lors de l'entretien.

Gestion du Stress et de l'Anxiété

1. Gérer le Stress et l'Anxiété : Votre Boîte à Outils Émotionnelle

Lorsque l'on parle de préparation pour un entretien d'embauche, il est essentiel de ne pas négliger un élément crucial : la gestion du stress et de l'anxiété. Les entretiens d'embauche peuvent être des situations stressantes, mais il existe des stratégies pour les aborder avec calme et concentration. La méditation, la respiration profonde, et la visualisation positive sont autant d'outils qui peuvent vous aider à construire une boîte à outils émotionnelle pour faire face à l'incertitude et à la pression qui peuvent surgir.

2. La Méditation : Cultiver le Calme Intérieur

La méditation est une technique qui vous permet de vous recentrer et de cultiver un état de calme intérieur. Elle consiste en la concentration de l'esprit sur le moment présent, en laissant de côté les pensées stressantes et anxieuses. La méditation régulière peut renforcer votre capacité à rester calme et concentré pendant un entretien en vous aidant à réduire le tumulte mental et à mieux gérer les émotions.

3. La Respiration Profonde : Un Ancre dans l'Instant

La respiration profonde est un outil simple mais efficace pour gérer le stress. Lorsque vous vous sentez anxieux, prendre quelques instants pour pratiquer une respiration profonde peut vous aider à retrouver votre calme. Elle ralentit votre rythme cardiaque, apaise votre esprit, et vous ramène dans l'instant présent. Lors de l'entretien, elle peut être une ressource précieuse pour rester concentré et éviter de vous laisser submerger par le stress.

4. Visualisation Positive : Préparer Votre Succès

La visualisation positive est une technique qui consiste à imaginer de manière vivide une situation dans laquelle vous réussissez. Avant l'entretien, prenez un moment pour visualiser un déroulement positif de la rencontre. Imaginez-vous répondant aux questions avec assurance, établissant un bon contact avec les recruteurs, et quittant la salle d'entretien avec un sourire de satisfaction. Cette visualisation prépare mentalement votre esprit à envisager le succès comme une possibilité réelle.

5. Construire Votre Boîte à Outils Émotionnelle

La gestion du stress et de l'anxiété ne se résume pas à une seule technique, mais à la construction d'une boîte à outils émotionnelle. En expérimentant différentes approches, vous pouvez découvrir celles qui fonctionnent le mieux pour vous. Certains candidats trouvent que la méditation les calme, tandis que d'autres préfèrent la respiration profonde ou la visualisation. L'essentiel est de choisir des stratégies qui vous aident à faire face au stress de manière saine et productive.

En construisant votre boîte à outils émotionnelle, vous êtes mieux préparé à affronter l'incertitude et la pression qui peuvent surgir lors d'un entretien d'embauche. Ces techniques vous permettent de maintenir votre calme, de rester concentré, et de donner le meilleur de vous-même. Elles sont des alliées puissantes qui renforcent votre confiance en vous et vous aident à naviguer avec succès dans le monde exigeant des entretiens d'embauche.

La préparation est le pilier de votre confiance en vous en entretien d'embauche. En investissant du temps et de l'effort dans cette étape, vous bâtissez une base solide qui vous donne la certitude que vous êtes prêt à affronter n'importe quel entretien. Elle est votre alliée, votre bouclier contre l'incertitude. En vous préparant méthodiquement, vous augmentez vos chances de briller et de convaincre les recruteurs que vous êtes le candidat idéal pour le poste. Vous faites de la première étape de l'entretien votre avantage compétitif, et c'est la confiance que vous y gagnez qui vous guidera tout au long du processus.

L'Entretien d'Embauche : Le Cœur du Processus

L'entretien en lui-même est le moment crucial du processus de recherche d'emploi. C'est à ce stade que vous êtes mis sous les projecteurs, où vos compétences, votre personnalité et votre adéquation avec l'entreprise seront rigoureusement évaluées. Dans cette section, nous explorerons en détail comment établir une communication efficace, répondre aux questions avec assurance, et montrer votre enthousiasme de manière à vous démarquer.

1. Établir une Communication Efficace

La communication est au cœur de tout entretien d'embauche réussi. Votre capacité à vous exprimer de manière claire et convaincante joue un rôle essentiel. Nous examinerons les éléments clés de la communication, notamment le langage corporel, la voix, et le choix des mots. Vous découvrirez comment établir un contact visuel positif, adopter une posture ouverte, et utiliser une voix confiante pour communiquer votre valeur en tant que candidat.

2. Répondre aux Questions avec Assurance

L'une des parties les plus stressantes de l'entretien est de répondre aux questions posées par les recruteurs. Nous vous guiderons à travers les techniques pour répondre de manière efficace. Vous apprendrez à structurer vos réponses, à illustrer vos compétences par des exemples concrets, et à montrer comment vous avez relevé des défis dans le passé. Cette section vous donnera la confiance nécessaire pour faire face à n'importe quelle question.

3. Montrer Votre Enthousiasme

Votre enthousiasme est un atout puissant. Il démontre que vous êtes réellement intéressé par le poste et l'entreprise. Nous explorerons des stratégies pour montrer votre enthousiasme de manière authentique. Vous apprendrez comment poser des questions pertinentes sur l'entreprise, l'équipe, et les projets, et comment exprimer votre désir de contribuer positivement. Votre enthousiasme sera une force motrice qui séduira les recruteurs.

L'entretien d'embauche est le moment de vérité où vous avez la possibilité de briller. C'est le moment où vous pouvez démontrer que vous êtes bien plus qu'un ensemble de compétences sur papier, que vous êtes la personne idéale pour le poste. Cette section vous fournira les outils et les connaissances nécessaires pour aborder l'entretien avec confiance et assurance. Vous apprendrez à communiquer de manière percutante, à répondre aux questions de manière convaincante, et à montrer votre enthousiasme de manière à laisser une impression mémorable. En fin de compte, cette étape vous permettra de vous démarquer et de faire une impression durable sur les recruteurs.

Le Suivi Post-Entretien : Le Dernier Chapitre de Votre Entretien d'Embauche

Trop souvent, les candidats négligent la phase de suivi post-entretien, commettant ainsi une erreur qui peut leur coûter l'opportunité tant désirée. Il est tentant de penser que votre travail est terminé une fois que l'entretien est terminé, mais le suivi post-entretien est en réalité une étape essentielle pour renforcer votre candidature et démontrer votre sérieux envers le poste. Dans cette section, nous vous guiderons à travers l'importance du suivi post-entretien et comment l'aborder de manière efficace.

1. Démontrer Votre Sérieux

Le suivi post-entretien est une occasion de démontrer que vous êtes sérieux au sujet du poste. Il montre que vous êtes non seulement intéressé, mais que vous avez l'attention aux détails nécessaire pour suivre correctement la procédure. Cela envoie un message puissant aux recruteurs : vous êtes engagé.

2. Remercier pour l'Opportunité

Le premier élément du suivi post-entretien est le remerciement. Vous exprimez votre gratitude envers les recruteurs pour l'opportunité qui vous a été offerte. Cela montre que vous appréciez leur temps et l'occasion qui vous a été donnée. Le simple fait de remercier peut vous distinguer des autres candidats.

3. Réitérer Votre Intérêt

En plus de remercier, vous réitérez également votre intérêt pour le poste. Vous confirmez que c'est toujours une opportunité qui vous passionne et que vous êtes enthousiaste à l'idée de rejoindre l'entreprise. Cela renforce le message que vous êtes le candidat idéal.

4. Rester Professionnel

Le suivi post-entretien est également l'occasion de rester professionnel. Même si l'entretien s'est bien passé, vous devez éviter de devenir trop familier. Vous restez respectueux et sérieux dans toutes vos communications.

4. Fournir des Informations Supplémentaires

Si vous avez oublié de mentionner quelque chose d'important lors de l'entretien ou si vous avez de nouvelles informations pertinentes à partager, le suivi post-entretien est le moment de le faire. Cela peut aider à compléter votre candidature.

5. Une Dernière Impression Positive

En fin de compte, le suivi post-entretien est votre opportunité de laisser une dernière impression positive. Il démontre que vous êtes un candidat attentif, sérieux et engagé. Même si les recruteurs étaient indécis après l'entretien, un suivi post-entretien efficace peut faire pencher la balance en votre faveur.

Le suivi post-entretien est souvent négligé, mais il peut avoir un impact significatif sur le résultat final de votre candidature. Il montre que vous êtes déterminé, que vous prenez l'entretien au sérieux, et que vous êtes prêt à aller plus loin pour décrocher le poste. Cette section vous montrera comment aborder le suivi post-entretien de manière professionnelle et efficace, vous donnant ainsi un avantage dans le processus de sélection.

Les Attentes des Recruteurs : Décoder le Langage de l'Embauche

Pour réussir lors d'un entretien d'embauche, il est essentiel de décoder ce que les recruteurs recherchent réellement. Comprendre leurs attentes est la clé pour adapter vos réponses et démontrer que vous êtes la personne idéale pour le poste. Dans cette section, nous plongerons dans les attentes des employeurs, en détaillant à la fois les compétences techniques et comportementales.

1. Compétences Techniques : L'Expertise Nécessaire

Les compétences techniques sont souvent la première chose à laquelle on pense lorsque l'on parle des attentes des recruteurs. Il s'agit des compétences spécifiques requises pour exécuter les tâches du poste. Nous explorerons comment identifier ces compétences à partir de l'offre d'emploi et comment montrer que vous les possédez. Vous apprendrez à mettre en avant votre expertise, à expliquer comment vous l'avez développée, et à donner des exemples concrets de son application.

2. Compétences Comportementales : Le Savoir-Être au Travail

Outre les compétences techniques, les recruteurs accordent une grande importance aux compétences comportementales. Il s'agit de vos traits de caractère, de votre manière de travailler en équipe, de votre adaptabilité, de votre leadership, etc. Nous décortiquerons les compétences comportementales les plus recherchées par les employeurs, en expliquant comment les identifier et les mettre en avant. Vous apprendrez à démontrer que vous avez la personnalité et l'attitude appropriées pour réussir dans l'entreprise.

3. Adaptation et Personnalisation

Comprendre les attentes des recruteurs ne consiste pas à réciter une liste de compétences. Il s'agit d'adapter votre discours pour montrer que vous répondez aux besoins spécifiques de l'entreprise et du poste. Vous découvrirez comment personnaliser vos réponses pour mettre en avant les compétences techniques et comportementales qui correspondent le mieux à ce que les recruteurs recherchent.

4. L'Art de la Conviction

Une fois que vous comprenez les attentes des recruteurs, vous pouvez aborder l'entretien avec confiance. Vous savez ce qu'ils recherchent, et vous êtes prêt à le démontrer. Vous serez en mesure de répondre de manière pertinente aux questions et de montrer que vous êtes la personne idéale pour le poste.

En fin de compte, comprendre les attentes des recruteurs est une étape clé pour réussir en entretien. Cela vous permet de décoder le langage de l'embauche et de montrer que vous êtes la meilleure option pour l'entreprise. Cette section vous fournira les outils pour comprendre ce que les employeurs recherchent et les moyens de les convaincre que vous répondez à leurs attentes. Elle vous aidera à transformer une entrevue en une opportunité de démontrer votre adéquation parfaite avec le poste, ce qui est la clé pour décrocher le job de vos rêves.

Les Compétences Techniques : Votre Atout Clé en Entretien

Les compétences techniques occupent souvent une place prépondérante dans le regard des recruteurs. Elles sont le socle sur lequel repose votre capacité à accomplir les tâches liées au poste. Dans cette section, nous nous plongerons dans l'art de mettre en avant vos compétences techniques de manière convaincante et de répondre aux questions pointues sur votre expertise.

1. Identifier les Compétences Clés

La première étape pour briller en entretien est d'identifier les compétences techniques clés requises pour le poste. Il s'agit de ce que l'entreprise recherche spécifiquement chez le candidat idéal. Nous examinerons comment extraire ces compétences à partir de l'offre d'emploi et d'autres informations disponibles. Vous apprendrez à comprendre ce qui est essentiel pour l'employeur.

2. Mettre en Avant Votre Expertise

Une fois que vous avez identifié les compétences clés, il est temps de mettre en avant votre expertise. Nous vous montrerons comment présenter vos compétences techniques de manière à convaincre les recruteurs que vous êtes le candidat idéal. Cela inclut l'utilisation de mots-clés pertinents, l'illustration de vos compétences par des exemples concrets, et la démonstration de comment vous avez utilisé vos compétences dans le passé.

3. Répondre aux Questions Pointues

L'une des situations les plus redoutées en entretien est celle des questions techniques pointues. Nous vous préparerons à y faire face avec confiance. Vous apprendrez à structurer vos réponses pour expliquer clairement des concepts complexes, à ne pas hésiter à demander des clarifications si nécessaire, et à montrer que vous maîtrisez votre domaine d'expertise.

4. L'Art de la Conviction Technique

Mettre en avant vos compétences techniques est essentiel pour convaincre les recruteurs que vous êtes le candidat idéal. En comprenant ce que l'entreprise recherche, en présentant votre expertise de manière convaincante, et en répondant aux questions pointues avec assurance, vous renforcez votre crédibilité en tant que professionnel qualifié.

En fin de compte, cette section vous donnera les outils pour briller en entretien en mettant en avant vos compétences techniques de manière convaincante. Elle vous préparera à répondre avec brio aux questions pointues, vous permettant de montrer que vous êtes le candidat idéal pour le poste. Vos compétences techniques deviendront votre atout clé pour décrocher l'opportunité professionnelle que vous recherchez.

Compétences Comportementales : L'Art de S'intégrer

Outre les compétences techniques, les recruteurs cherchent des candidats qui seront des atouts pour leur équipe et qui s'intègreront harmonieusement dans la culture de l'entreprise. Les compétences comportementales, également connues sous le nom de compétences douces, sont tout aussi importantes que les compétences techniques. Dans cette section, nous explorerons comment mettre en avant vos compétences interpersonnelles et votre adaptabilité pour séduire les recruteurs.

1. Les Compétences Comportementales Recherchées

Les compétences comportementales sont des qualités personnelles et professionnelles qui vous permettent de travailler efficacement en équipe, de gérer le stress, de résoudre des problèmes, d'être créatif, et d'interagir avec les collègues et les clients. Nous examinerons les compétences comportementales les plus recherchées par les employeurs, notamment la communication efficace, la pensée critique, la collaboration, l'adaptabilité, et le leadership.

2. Mettre en Avant Vos Compétences Interpersonnelles

La communication efficace est un élément clé des compétences comportementales. Nous vous montrerons comment mettre en avant vos compétences interpersonnelles en démontrant votre capacité à écouter, à exprimer vos idées de manière claire, et à communiquer de manière respectueuse. Vous découvrirez comment illustrer des exemples de situations où vous avez collaboré avec succès en équipe.

3. Montrer Votre Adaptabilité

L'adaptabilité est une autre compétence comportementale précieuse. Vous apprendrez comment montrer que vous êtes capable de vous ajuster à de nouvelles situations, d'apprendre rapidement, et de faire face aux changements avec aisance. Les recruteurs recherchent des candidats qui peuvent s'adapter à l'évolution des besoins de l'entreprise.

4. Créer un Pont Entre Compétences Techniques et Comportementales

Un aspect clé est de montrer comment vos compétences comportementales complètent vos compétences techniques. Vous pouvez expliquer comment votre capacité à travailler en équipe a contribué au succès de projets techniques, ou comment votre adaptabilité vous a permis de faire face à des défis professionnels.

5. Soyez Vous-Même, Mais en Mieux

L'authenticité est importante lors de la mise en avant de vos compétences comportementales. Les recruteurs cherchent des candidats qui correspondent à la culture de l'entreprise, mais qui restent fidèles à eux-mêmes. Cette section vous aidera à montrer votre véritable personnalité tout en mettant en avant vos compétences comportementales.

En fin de compte, cette section vous donnera les outils pour briller en entretien en mettant en avant vos compétences comportementales. Elle vous préparera à montrer que vous êtes non seulement qualifié sur le plan technique, mais également un atout précieux sur le plan interpersonnel. Vos compétences comportementales deviendront un élément clé de votre candidature, vous aidant à vous démarquer et à décrocher l'opportunité professionnelle que vous désirez.

Les Pièges Courants à Éviter : Naviguer en Toute Sérénité

Enfin, abordons un aspect essentiel de la préparation à un entretien d'embauche : les pièges courants auxquels les candidats sont souvent confrontés. Ces erreurs peuvent s'avérer coûteuses en termes d'opportunité professionnelle, mais en les connaissant, vous serez mieux armé pour les éviter. Nous passerons en revue les erreurs courantes et vous montrerons comment les contourner.

1. Manque de Préparation

L'un des pièges les plus fréquents est le manque de préparation. Ne pas se renseigner sur l'entreprise, le poste, ou les attentes des recruteurs est une erreur coûteuse. Nous vous expliquerons comment faire des recherches approfondies pour être bien préparé et prêt à briller en entretien.

2. Réponses Trop Courtes ou Trop Longues

La gestion du temps est cruciale en entretien. Répondre de manière trop brève ou, au contraire, partir dans de longues digressions, peut nuire à votre candidature. Nous vous montrerons comment équilibrer vos réponses pour être clair, pertinent, et respectueux du temps des recruteurs.

3. Manque de Confiance en Soi

Le manque de confiance en soi est un piège courant qui peut saboter votre entretien. Nous explorerons des stratégies pour développer votre confiance en vous, y compris des techniques de gestion du stress et de renforcement de l'estime de soi.

4. Ne Pas Poser de Questions

L'une des erreurs courantes est de ne pas poser de questions aux recruteurs. Le moment des questions est une opportunité clé pour montrer votre intérêt pour l'entreprise. Nous vous montrerons comment poser des questions pertinentes qui démontrent votre curiosité et votre désir de contribuer.

5. Ne Pas Être Authentique

L'authenticité est une qualité appréciée en entretien. Prétendre être quelqu'un que vous n'êtes pas peut s'avérer préjudiciable. Nous vous montrerons comment être vous-même tout en mettant en avant vos atouts de manière efficace.

6. Négliger le Suivi Post-Entretien

Nous l'avons mentionné précédemment, le suivi post-entretien est souvent négligé. Ne pas envoyer de remerciements ou ne pas rester professionnel dans le suivi peut coûter l'opportunité. Nous vous montrerons comment aborder cette étape de manière efficace.

7. Se Préparer à Éviter les Pièges

La meilleure manière d'éviter ces pièges est de les connaître à l'avance et de vous préparer en conséquence. Cette section vous aidera à anticiper les erreurs courantes et à développer les compétences nécessaires pour les éviter. Elle vous donnera la confiance nécessaire pour aborder l'entretien avec sérénité, sachant que vous êtes prêt à faire face à tous les défis qui se présentent sur votre chemin vers le poste que vous désirez.

En comprenant les enjeux de l'entretien d'embauche, en vous préparant de manière adéquate et en comprenant les attentes des recruteurs, vous serez mieux préparé à affronter cet obstacle avec confiance. Alors, plongeons ensemble dans ce chapitre pour vous aider à briller lors de votre prochain entretien d'embauche.

Le premier chapitre de "Confiance en Soi en Entretien d'Embauche" nous plonge au cœur des enjeux cruciaux entourant le processus d'entretien d'embauche. Il nous montre que cette étape est bien plus qu'une simple conversation. Elle est en réalité une série d'étapes clés, chacune ayant son propre rôle dans le processus de sélection.

La Préparation : Les Fondations du Succès

La préparation est la première étape et constitue la fondation de tout le processus. Elle ne se limite pas à la recherche de l'entreprise, mais englobe également la gestion du stress et de l'anxiété. C'est à ce stade que vous récoltez les informations essentielles sur l'entreprise, anticipez les questions qui pourraient vous être posées, et réfléchissez à vos réponses. En investissant du temps dans cette phase, vous posez les bases de votre succès à venir.

L'Entretien en Lui-même : Le Test de la Confiance

L'entretien en lui-même est le moment où vous interagissez directement avec les recruteurs. C'est là que votre confiance en vous, votre capacité à communiquer efficacement, et votre adéquation au poste sont mises à l'épreuve. Vous devez être prêt à répondre à une variété de questions, à parler de votre expérience de manière engageante, et à établir un lien avec les intervieweurs. C'est également le moment où vous pouvez poser vos propres questions pour évaluer si l'entreprise correspond à vos attentes. Cette étape est l'occasion de montrer non seulement vos compétences techniques, mais aussi vos compétences comportementales, votre adaptabilité, et votre enthousiasme.

Le Suivi Post-Entretien : La Dernière Impression

Enfin, le suivi post-entretien est souvent négligé, mais il peut avoir un impact significatif sur le résultat final. Après l'entretien, il est important de remercier les intervieweurs pour leur temps et de réitérer votre intérêt pour le poste. Cela démontre votre sérieux et votre professionnalisme. De plus, c'est l'occasion de laisser une dernière impression positive.

Comprendre les Attentes des Recruteurs

Pour réussir en entretien, il est crucial de comprendre ce que les recruteurs recherchent. Les compétences techniques et comportementales sont au cœur de leurs attentes. Comprendre ce que les recruteurs cherchent est essentiel pour adapter vos réponses et montrer que vous êtes la personne idéale pour le poste.

Les Pièges Courants à Éviter

Enfin, le chapitre se termine en explorant les pièges courants auxquels les candidats sont souvent confrontés. Ces erreurs peuvent saboter vos chances, mais en les connaissant, vous serez mieux armé pour les éviter.

En somme, ce premier chapitre pose les bases essentielles pour comprendre les enjeux de l'entretien d'embauche. Il montre que la préparation, la confiance en soi, la compréhension des attentes des recruteurs, et la gestion du suivi sont autant d'éléments clés pour réussir dans ce processus. En comprenant ces enjeux, vous serez mieux préparé à affronter les défis de l'entretien et à vous présenter comme le candidat idéal pour le poste que vous visez.

Chapitre 2 : Comprendre la Confiance en Soi - Le Pilier de Votre Réussite

L'entretien d'embauche est une occasion unique de démontrer vos compétences et votre adéquation avec un poste, mais c'est également une épreuve qui peut mettre à l'épreuve votre confiance en vous. La confiance en soi est un pilier fondamental pour réussir lors de ces entretiens cruciaux. Dans ce chapitre, nous plongerons au cœur de ce concept vital pour vous préparer à briller.

Comprendre la Confiance en Soi

La confiance en soi est bien plus qu'une simple expression de courage. Elle englobe la certitude en vos compétences, la foi en votre valeur en tant que candidat, et la capacité à vous exprimer de manière claire et convaincante. Nous vous aiderons à comprendre les nuances de la confiance en soi et comment elle se traduit en actions concrètes en entretien.

1. L'Estime de Soi : La Fondation de la Confiance

L'estime de soi est le socle sur lequel repose la confiance en soi. Elle est le noyau de votre perception de vous-même, votre valeur personnelle et votre capacité à affronter les défis avec assurance. Dans ce sous-chapitre, nous plongerons dans l'estime de soi et comment elle influence votre confiance en vous. Vous découvrirez des stratégies pour renforcer cette base essentielle.

Comprendre l'Estime de Soi

L'estime de soi est votre évaluation personnelle de votre valeur, de votre compétence, et de votre capacité à faire face à la vie. Une haute estime de soi signifie que vous avez une vision positive de vous-même, que vous croyez en vos compétences et que vous vous voyez comme digne de succès. Une faible estime de soi, au contraire, est souvent accompagnée de doutes, de craintes et d'une vision négative de vous-même.

L'Estime de Soi et la Confiance en Soi

L'estime de soi est étroitement liée à la confiance en soi. Quand vous vous sentez bien dans votre peau, que vous croyez en vos compétences, et que vous vous appréciez, votre confiance en vous augmente naturellement. Vous vous sentez prêt à affronter les défis, convaincu que vous avez ce qu'il faut pour réussir.

Renforcer Votre Estime de Soi

Renforcer l'estime de soi est un processus qui nécessite de l'effort, mais qui peut apporter des bénéfices durables. Dans ce sous-chapitre, nous explorerons des stratégies pour améliorer votre estime de vous-même, notamment :

- L'auto-compassion : Apprendre à vous traiter avec gentillesse et compréhension, comme vous le feriez pour un ami en difficulté.

- La restructuration cognitive : Identifier et changer les pensées négatives et destructrices qui minent votre estime de soi.

- L'affirmation de soi : Développer des compétences en communication et en assertivité pour vous exprimer de manière claire et confiante.

- La célébration des succès : Reconnaître et célébrer vos réalisations, même les plus petites, pour renforcer votre estime de soi.

L'estime de soi est la fondation de votre confiance en vous en entretien d'embauche. En travaillant sur cette base essentielle, vous serez mieux préparé à faire face aux défis de l'entretien avec une confiance solide et une vision positive de vous-même. Ce sous-chapitre vous guidera à travers ce processus de renforcement de l'estime de soi pour vous préparer à briller lors de chaque entrevue professionnelle.

2. La Confiance en Soi et l'Imposteur : Combattre le Doute

Le syndrome de l'imposteur, ce sentiment trompeur d'être un imposteur sans mérite, peut parfois s'infiltrer et miner la confiance en soi. Dans ce sous-chapitre, nous aborderons ce défi redouté et vous montrerons comment surmonter le doute pour briller en entretien.

Le Syndrome de l'Imposteur : Une Ombre sur la Confiance

Le syndrome de l'imposteur est un phénomène commun qui peut toucher même les professionnels les plus accomplis. Il se manifeste par un doute persistant sur vos compétences et vos réalisations, et par la crainte constante que quelqu'un découvre que vous n'êtes pas à la hauteur.

Les Effets du Syndrome de l'Imposteur

Le syndrome de l'imposteur peut avoir des conséquences néfastes sur la confiance en soi. Il peut vous empêcher de reconnaître vos réussites, vous faire sous-estimer vos compétences, et même vous conduire à saboter vos propres opportunités.
Surmonter le Syndrome de l'Imposteur

Nous explorerons des stratégies pour surmonter le syndrome de l'imposteur et renforcer votre confiance en vous. Parmi les techniques abordées, vous trouverez :

- L'auto-compassion : Apprendre à vous traiter avec gentillesse et compréhension lorsque le doute surgit.

- La restructuration cognitive : Identifier et remettre en question les pensées négatives et autodestructrices liées à l'imposteur.

- La collecte de preuves : Rassembler des preuves tangibles de vos réussites et compétences pour contrer les doutes.

- La confrontation du doute : Affronter activement les pensées d'imposteur en les remettant en question et en leur opposant des faits concrets.

Affirmer Votre Valeur en Entretien

Le sous-chapitre se termine en vous montrant comment utiliser ces techniques pour affirmer votre valeur en entretien. Vous découvrirez comment parler de vos réalisations avec confiance, comment répondre aux questions sur votre expertise et comment affronter les doutes qui pourraient surgir pendant l'entretien.

Le syndrome de l'imposteur peut s'avérer un obstacle redoutable en entretien, mais avec les bonnes stratégies, vous pouvez surmonter le doute et briller avec confiance. Ce sous-chapitre vous préparera à faire face à l'imposteur et à renforcer votre confiance en vous, vous permettant ainsi de montrer pleinement votre valeur en entretien d'embauche.

3. La Confiance en Soi Face à l'Inconnu : Gérer le Stress

Les situations inattendues en entretien d'embauche sont comme des vagues déferlantes – elles peuvent mettre à l'épreuve votre confiance en un instant. Dans ce sous-chapitre, nous vous guiderons à travers des techniques essentielles pour gérer le stress et rester confiant dans l'inconnu.

L'Inconnu : Un Défi Inévitable en Entretien

Lors d'un entretien d'embauche, il est inévitable que des situations inattendues surgissent. Les questions pièges, les épreuves de compétences impromptues, ou les retournements de situation inattendus peuvent sembler déstabilisants. Cependant, ce sont également des opportunités pour montrer votre adaptabilité et votre capacité à gérer le stress.

Techniques de Gestion du Stress

Nous vous montrerons comment gérer ces situations stressantes avec confiance. Parmi les techniques que nous explorerons, vous trouverez :

- La respiration profonde : Utiliser la respiration pour apaiser le système nerveux et réduire le stress.

- La visualisation positive : Se préparer mentalement en visualisant un entretien réussi.

- La préparation à l'inattendu : Développer des compétences pour réagir avec sérénité face à des questions inattendues ou des défis.

- La gestion du temps : Équilibrer votre temps de manière efficace pour ne pas vous laisser submerger par l'inconnu.

La Confiance en Soi en Action

En fin de sous-chapitre, vous découvrirez comment mettre en action votre confiance en situation inconnue. Vous apprendrez à vous adapter, à faire preuve d'assurance, et à montrer que vous êtes prêt à affronter tout ce qui se présente en entretien.

L'incertitude peut être redoutable, mais elle peut également être l'occasion de briller. Ce sous-chapitre vous donnera les outils pour gérer le stress et montrer que vous êtes confiant et prêt à faire face à l'inconnu en entretien d'embauche. Vous serez mieux préparé à faire face à toutes les situations imprévues qui pourraient surgir sur votre chemin vers le poste de vos rêves.

2.4. La Communication Confidente : Parler avec Assurance

La manière dont vous vous exprimez en entretien d'embauche peut avoir un impact profond sur votre confiance et sur la perception que les recruteurs ont de vous. Dans ce sous-chapitre, nous vous montrerons comment parler avec assurance et conviction pour renforcer votre confiance en entretien.

L'Importance de la Communication

La communication est un aspect essentiel de tout entretien. Votre capacité à transmettre clairement vos idées, à répondre aux questions de manière cohérente et à exprimer vos compétences de manière convaincante est cruciale pour votre succès. La manière dont vous communiquez influence directement la perception que les recruteurs ont de vous.

La Communication Confidente

Nous explorerons des techniques pour parler avec assurance. Parmi les points abordés, vous trouverez :

- Le langage corporel : Comment utiliser une posture ouverte, un contact visuel adéquat, et des gestes confiants pour renforcer votre communication.

- Le discours positif : Comment éviter le langage négatif ou hésitant et comment formuler des réponses positives et claires.

- La préparation des réponses : Comment structurer vos réponses pour les rendre cohérentes et convaincantes.

- L'écoute active : Comment montrer que vous êtes attentif et que vous comprenez les questions posées.

La Pratique de la Communication

En fin de sous-chapitre, vous découvrirez comment mettre en pratique ces techniques de communication. Vous apprendrez à répondre de manière confiante aux questions, à présenter vos compétences de manière claire, et à établir une connexion positive avec les recruteurs.

La communication confiante est un atout majeur en entretien. Elle montre que vous avez confiance en vos compétences et que vous êtes prêt à faire face aux défis. Ce sous-chapitre vous guidera pour développer ces compétences de communication essentielles et renforcer ainsi votre confiance en entretien d'embauche.

5. La Confiance en Soi en Action : Comment Elle Influence Vos Actions

La confiance en soi n'est pas simplement un état d'esprit, elle se manifeste dans vos actions et votre comportement en entretien d'embauche. Dans ce sous-chapitre, nous examinerons comment la confiance en soi influence votre comportement et comment vous pouvez la mettre en action pour convaincre les recruteurs que vous êtes le candidat idéal.

La Confiance en Action

La confiance en soi se traduit en actions concrètes en entretien. Lorsque vous êtes confiant, vous agissez de manière plus assertive, vous communiquez de manière plus convaincante, et vous dégagez une impression positive. Cette confiance en action peut être l'élément qui fait pencher la balance en votre faveur.

L'Assurance et la Crédibilité

En entretien, l'assurance et la crédibilité sont étroitement liées à la confiance en soi. Vous apprendrez comment ces éléments influencent la manière dont les recruteurs vous perçoivent. Vous découvrirez également comment les renforcer pour vous présenter comme le candidat idéal.

La Préparation et la Confiance

La préparation est un élément clé de la confiance en action. Vous saurez comment la préparation adéquate peut renforcer votre confiance en répondant efficacement aux questions, en racontant des anecdotes convaincantes, et en démontrant votre expertise.

L'Authenticité et la Confiance

L'authenticité est un autre élément clé pour mettre en action votre confiance. Nous vous montrerons comment être authentique tout en étant confiant, en partageant votre véritable personnalité et en établissant une connexion sincère avec les recruteurs.

La Confiance en Soi, Votre Avantage Compétitif

La confiance en action est votre avantage compétitif en entretien d'embauche. Vous serez mieux préparé à démontrer votre valeur, à convaincre les recruteurs que vous êtes le candidat idéal, et à transformer une simple entrevue en une opportunité de réussite professionnelle.

Ce sous-chapitre vous montrera comment la confiance en soi se manifeste dans votre comportement en entretien et comment vous pouvez l'utiliser pour convaincre les recruteurs que vous êtes le candidat qu'ils recherchent. Vous serez prêt à briller lors de chaque entretien d'embauche et à faire une impression durable.

Ce chapitre sera votre guide pour développer une confiance en soi solide, qui sera un atout inestimable pour chaque entretien d'embauche à venir. Vous serez mieux préparé à affronter les questions difficiles, à montrer votre valeur, et à transformer une simple entrevue en une opportunité de réussite professionnelle.

Le deuxième chapitre, "Comprendre la Confiance en Soi", explore en profondeur ce concept essentiel pour réussir en entretien d'embauche. Ce chapitre se divise en plusieurs sous-chapitres, chacun détaillant un aspect spécifique de la confiance en soi.

1. L'Estime de Soi : La Fondation de la Confiance

Le chapitre commence par souligner l'importance de l'estime de soi en tant que base fondamentale de la confiance en soi. Il met en lumière comment une estime de soi solide est essentielle pour se sentir confiant et prêt à réussir en entretien. Il offre des stratégies pour renforcer cette base cruciale, fournissant aux lecteurs les outils nécessaires pour construire une estime de soi solide.

2. La Confiance en Soi et l'Imposteur : Combattre le Doute

Le sous-chapitre suivant aborde le syndrome de l'imposteur, un obstacle courant à la confiance en soi. Il explique comment surmonter le doute et briller en entretien malgré les sentiments d'insécurité. Des conseils pratiques sont offerts pour combattre le doute et développer une confiance solide en ses compétences.

3. La Confiance en Soi Face à l'Inconnu : Gérer le Stress

Le troisième sous-chapitre se penche sur la manière dont la confiance en soi est mise à l'épreuve face à l'inconnu en entretien. Il propose des techniques pour gérer le stress et rester confiant même lorsque des situations inattendues surgissent. La respiration profonde, la visualisation positive, et d'autres stratégies de gestion du stress sont explorées en détail.

4. La Communication Confidente : Parler avec Assurance

La communication est un élément central de la confiance en soi. Ce sous-chapitre examine comment la manière dont vous vous exprimez peut renforcer ou affaiblir votre confiance. Il offre des conseils sur la manière de parler avec assurance et conviction, couvrant des aspects tels que le langage corporel, le discours positif, et la préparation des réponses.

5. La Confiance en Soi en Action : Comment Elle Influence Vos Actions

Le dernier sous-chapitre explore comment la confiance en soi se manifeste dans votre comportement en entretien. Il montre comment vous pouvez mettre en action votre confiance pour convaincre les recruteurs que vous êtes le candidat idéal. Des éléments tels que l'assurance, la crédibilité, la préparation, l'authenticité, et la confiance en action sont détaillés.

En somme, ce chapitre décompose la confiance en soi en ses composants essentiels et montre comment ils sont interconnectés pour créer une confiance solide et efficace en entretien d'embauche. Il équipe les lecteurs de connaissances et de compétences pratiques pour développer et utiliser leur confiance en soi avec succès dans le contexte de l'entretien d'embauche. Chacun des sous-chapitres offre des outils concrets pour renforcer la confiance en soi, de l'estime de soi à la gestion du stress, en passant par la communication confiante, offrant ainsi aux lecteurs une boîte à outils complète pour briller en entretien d'embauche.

Chapitre 3 : La Préparation à l'Entretien d'Embauche

Dans ce troisième chapitre, nous plongeons dans le cœur du processus de réussite en entretien d'embauche : la préparation. L'entretien d'embauche est une opportunité cruciale pour se distinguer et convaincre les recruteurs que vous êtes le candidat idéal pour le poste. Pour maximiser vos chances de succès, la préparation est incontournable. Ce chapitre se décompose en plusieurs sous-chapitres, chacun abordant un aspect essentiel de la préparation, vous préparant ainsi à faire face à l'entretien en toute confiance.

1. La Recherche sur l'Entreprise

La recherche sur l'entreprise constitue la pierre angulaire de votre préparation à un entretien d'embauche. Cette phase initiale revêt une importance capitale, car elle vous permet d'établir une base solide pour le reste de votre démarche. Il est impératif de plonger dans l'univers de l'entreprise pour laquelle vous postulez, car cela démontre non seulement votre engagement, mais également votre capacité à vous adapter à l'environnement professionnel. Ce sous-chapitre explore en détail les méthodes pour mener une recherche approfondie qui va bien au-delà de la simple consultation du site web de l'entreprise.

La recherche sur l'entreprise ne se limite pas à une simple lecture du contenu disponible en ligne. Elle consiste à explorer profondément l'ADN de l'entreprise, en comprenant les éléments clés suivants :

La Culture de l'Entreprise

La culture d'entreprise est la somme des valeurs, des croyances, des attitudes, et des comportements qui régissent le quotidien au sein de l'organisation. Comprendre la culture de l'entreprise vous permet de vous assurer que vous êtes en harmonie avec ses valeurs et ses méthodes de travail. Cela signifie que vous serez un ajustement naturel au sein de l'équipe, ce qui est précieux pour les recruteurs. Dans ce sous-chapitre, vous découvrirez comment plonger au cœur de la culture d'entreprise, notamment en lisant les témoignages des employés, en analysant les valeurs affichées, et en enquêtant sur l'environnement de travail.

Les Valeurs de l'Entreprise

Les valeurs d'une entreprise définissent ses priorités, ses objectifs, et son engagement envers la communauté et la société en général. Il est essentiel de comprendre ces valeurs, car elles guideront vos actions au sein de l'entreprise. Savoir comment vos propres valeurs personnelles se reflètent dans celles de l'entreprise est crucial pour montrer aux recruteurs que vous êtes en phase avec la mission et la vision de la société. Dans ce sous-chapitre, vous explorerez en profondeur les valeurs de l'entreprise, cherchant à les comprendre et à les intégrer dans vos réponses en entretien.

La recherche sur l'entreprise est bien plus qu'une simple formalité. C'est une occasion de démontrer votre engagement, votre capacité à vous adapter, et votre compréhension approfondie de l'entreprise pour laquelle vous postulez. Cela montre que vous avez pris le temps et l'effort nécessaires pour être préparé, un élément essentiel pour gagner la confiance des recruteurs. Ce sous-chapitre vous armera de stratégies pour mener une recherche complète et efficace, vous permettant ainsi de personnaliser vos réponses en fonction de l'entreprise et de maximiser vos chances de succès en entretien d'embauche.

2. La Culture de l'Entreprise

La culture de l'entreprise est un élément central de la recherche préalable à un entretien d'embauche. Comprendre la culture de l'entreprise est bien plus que de simples notions sur la manière dont les employés se comportent au bureau. C'est une plongée profonde dans les valeurs, les croyances, les normes, et les comportements qui guident le quotidien au sein de l'organisation.

Pourquoi est-ce si crucial ? Parce que la culture de l'entreprise est bien plus qu'un simple atout décoratif. Elle est un indicateur majeur de votre adéquation à l'environnement de travail. En d'autres termes, la culture de l'entreprise est le socle sur lequel l'ensemble de ses opérations et interactions est construit. Pour un employé potentiel, comprendre cette culture est essentiel pour déterminer si vous serez à l'aise et prospérerez au sein de cette entreprise.

La culture de l'entreprise peut prendre de nombreuses formes, et il est important de creuser au-delà de la surface pour saisir sa véritable essence :

Valeurs et Éthique :

Les valeurs de l'entreprise sont souvent le point de départ. Quelles sont les valeurs mises en avant par l'entreprise, et comment sont-elles incarnées au quotidien ? Est-ce que l'éthique et l'intégrité sont des éléments fondamentaux de sa culture ?

Dynamique d'Équipe :
Comment les employés interagissent-ils entre eux ? L'entreprise favorise-t-elle la collaboration, l'innovation, et la communication ouverte ? Une culture qui encourage ces aspects peut être un environnement propice à la croissance professionnelle.

Leadership et Style de Gestion :

Le style de leadership des dirigeants et des managers de l'entreprise a un impact direct sur la culture. Comment les leaders gèrent-ils les employés, les défis, et les opportunités ? Sont-ils des mentors ou des superviseurs ?

Innovation et Adaptabilité :

L'entreprise encourage-t-elle l'innovation et l'adaptabilité face au changement ? La capacité à s'adapter aux évolutions du marché est un aspect important de la culture, car elle peut déterminer votre degré de confort dans un environnement en constante évolution.

Équilibre Entre Travail et Vie Personnelle :

La culture de l'entreprise reconnaît-elle l'importance d'un équilibre sain entre le travail et la vie personnelle ? L'entreprise soutient-elle les employés dans leur quête d'un équilibre satisfaisant ?

Comprendre la culture de l'entreprise vous permet de montrer que vous avez investi du temps et de l'effort pour comprendre l'entreprise. Cela témoigne de votre sérieux, de votre engagement, et de votre capacité à vous intégrer harmonieusement. Savoir si la culture de l'entreprise correspond à vos propres valeurs et préférences est essentiel pour déterminer si vous serez heureux et épanoui dans cette organisation. Ce sous-chapitre vous fournit les outils pour plonger au cœur de la culture de l'entreprise, ce qui vous aidera à personnaliser vos réponses en entretien et à démontrer votre adéquation avec l'entreprise pour laquelle vous postulez.

3. Les Valeurs de l'Entreprise

Les valeurs de l'entreprise sont un autre pilier essentiel de la recherche préalable à un entretien d'embauche. Les entreprises, qu'elles soient petites startups ou grandes multinationales, ont généralement des valeurs définies qui servent de boussole pour guider leurs décisions et leur comportement. Comprendre ces valeurs est un élément clé pour déterminer si vous êtes aligné avec la vision de l'entreprise et si vous pouvez contribuer positivement à sa mission.

Les valeurs de l'entreprise vont bien au-delà des simples mots écrits sur son site web. Elles représentent les principes fondamentaux qui façonnent la culture interne et externe de l'entreprise. Les valeurs sont une déclaration de ce qui est important pour l'entreprise, ce à quoi elle aspire, et comment elle souhaite interagir avec ses employés, ses clients, et la société dans son ensemble.

Voici quelques exemples de valeurs d'entreprise courantes :

A. Intégrité :

L'entreprise accorde-t-elle une importance primordiale à l'honnêteté, à l'éthique, et à la conformité aux normes légales et éthiques ?

B. Innovation :

Encourage-t-elle la créativité, l'innovation, et la recherche constante de solutions novatrices ?

C. Collaboration :

Favorise-t-elle la collaboration et le travail d'équipe, ou met-elle l'accent sur l'individualisme
?

D. Responsabilité Sociale :

L'entreprise s'engage-t-elle à contribuer positivement à la société par le biais d'initiatives
caritatives ou de pratiques commerciales durables ?

E. Diversité et Inclusion :

 Promeut-elle la diversité et l'inclusion au sein de ses équipes et de sa culture d'entreprise ?

Comprendre les valeurs de l'entreprise est essentiel pour plusieurs raisons. Tout d'abord,
cela vous permet de montrer que vous avez fait vos devoirs en vous renseignant sur
l'entreprise. Cela démontre votre engagement et votre sérieux envers le poste. De plus, cela
vous permet de personnaliser vos réponses en fonction de ces valeurs, montrant ainsi que
vous partagez l'engagement de l'entreprise envers ces principes.

De plus, comprendre les valeurs de l'entreprise est fondamental pour votre propre bien-être
au travail. Vous serez plus heureux et plus épanoui dans un environnement où vos propres
valeurs sont en phase avec celles de l'entreprise. L'alignement sur les valeurs de l'entreprise
peut contribuer à une meilleure adéquation et à une intégration plus harmonieuse.

Ce sous-chapitre vous fournit les outils pour explorer en profondeur les valeurs de
l'entreprise, afin que vous puissiez les intégrer de manière authentique dans vos réponses en
entretien. Cela démontrera votre engagement et votre adéquation avec l'entreprise pour
laquelle vous postulez, augmentant ainsi vos chances de réussir votre entretien d'embauche.

La Préparation des Réponses aux Questions Courantes

La préparation des réponses est une étape cruciale pour se présenter de manière
convaincante en entretien. Les recruteurs posent fréquemment des questions courantes, et
vous devez être prêt à y répondre de manière claire et pertinente. Les sous-chapitres
suivants examinent certaines des questions les plus fréquemment posées en entretien, vous
prodiguant des conseils et des exemples pour préparer des réponses efficaces.

1. Parlez-moi de vous

La question "Parlez-moi de vous" est probablement l'une des questions les plus courantes
posées en entretien d'embauche, et pourtant, elle peut être l'une des plus délicates à
aborder. Cette question semble simple, mais elle est en réalité cruciale pour établir une
première impression positive et donner le ton à l'entretien.

Lorsqu'un recruteur vous demande de parler de vous, il ne s'attend pas à une biographie
complète ni à une liste exhaustive de vos réalisations. Au lieu de cela, il veut en savoir plus
sur vous en tant que professionnel, comprendre votre parcours, vos compétences clés, et ce

qui vous motive. Votre réponse à cette question doit donc être soigneusement préparée et structurée pour présenter votre parcours de manière engageante et pertinente.

Voici quelques points clés à garder à l'esprit lors de la préparation de votre réponse à la question "Parlez-moi de vous" :

A. Brièveté et Pertinence :

Évitez les récits trop longs ou les détails inutiles. Votre réponse devrait durer environ deux à trois minutes et mettre l'accent sur les aspects les plus pertinents de votre parcours par rapport au poste en question.

B. Parcours Professionnel :

Commencez par un bref résumé de votre parcours professionnel. Mentionnez vos expériences clés, les postes que vous avez occupés, et les domaines dans lesquels vous avez acquis de l'expérience.

C. Compétences Clés :

Mettez en avant les compétences clés que vous avez développées tout au long de votre carrière et qui sont pertinentes pour le poste en question. Cela montre que vous êtes un candidat qualifié.

D. Réalisations :

Partagez quelques réalisations professionnelles dont vous êtes particulièrement fier. Cela peut donner un aperçu de votre valeur en tant qu'employé.

E. Motivation :

Expliquez ce qui vous motive à postuler pour ce poste spécifique. Montrez que vous avez effectué des recherches sur l'entreprise et que vous comprenez comment votre profil correspond à ses besoins.

F. Conclusion :

Terminez votre réponse en exprimant votre enthousiasme à l'idée de discuter davantage du poste et en demandant si le recruteur a des questions spécifiques.

En préparant votre réponse à la question "Parlez-moi de vous" de manière à la fois concise et impactante, vous établirez une première impression positive et donnerez au recruteur une vue d'ensemble de vos qualifications. Ce sous-chapitre vous fournira des conseils et des stratégies pour structurer votre réponse de manière à maximiser son efficacité et à établir une base solide pour le reste de l'entretien.

2. Pourquoi devrions-nous vous embaucher ?

La question "Pourquoi devrions-nous vous embaucher ?" est l'une des questions les plus cruciales et les plus directes en entretien d'embauche. Elle met en lumière ce que vous pouvez apporter à l'entreprise, et c'est votre opportunité de vous démarquer en montrant clairement pourquoi vous êtes le candidat idéal pour le poste.

Pour répondre à cette question de manière convaincante, il est essentiel de comprendre que le recruteur veut savoir comment vous pouvez résoudre les problèmes spécifiques de l'entreprise et comment vous pouvez contribuer à sa réussite. Votre réponse doit donc être alignée sur les besoins de l'entreprise.

Voici comment structurer une réponse efficace à la question "Pourquoi devrions-nous vous embaucher ?" :

A. Connaissance de l'Entreprise :

Commencez par rappeler votre compréhension de l'entreprise, de ses activités, de ses objectifs et de ses défis. Cela montre que vous avez fait vos devoirs.

B. Alignement avec les Besoins :

Identifiez les besoins spécifiques de l'entreprise tels qu'ils sont décrits dans l'offre d'emploi ou que vous avez appris lors de l'entretien. Expliquez comment vos compétences, votre expérience et votre expertise correspondent à ces besoins.

C. Réalisations Passées :

Mettez en avant des exemples concrets de réalisations passées qui démontrent votre capacité à relever des défis similaires. Parlez des résultats que vous avez obtenus.

D. Qualités Personnelles :

En plus de vos compétences techniques, mettez en avant vos qualités personnelles, telles que votre adaptabilité, votre esprit d'équipe, et votre capacité à résoudre des problèmes de manière créative.

E. Passion et Engagement :

Exprimez votre passion pour le domaine d'activité de l'entreprise et votre engagement à contribuer à sa croissance.

F. Conclusion Impactante :

Terminez votre réponse en résumant pourquoi vous êtes le candidat idéal pour le poste et en exprimant votre enthousiasme à l'idée de rejoindre l'entreprise.

L'objectif de cette question est de montrer que vous avez une compréhension profonde de l'entreprise, que vous êtes prêt à relever ses défis, et que vous apportez une réelle valeur ajoutée. Ce sous-chapitre vous guidera à travers des exemples concrets et des stratégies pour répondre de manière impactantee à cette question cruciale en entretien.

3. Quels sont vos points forts/faibles ?

La question sur vos points forts et faibles est un autre aspect critique de l'entretien d'embauche. Elle révèle non seulement votre niveau d'auto-évaluation, mais aussi votre capacité à être honnête tout en mettant en avant vos atouts.

Répondre à cette question de manière stratégique est essentiel pour ne pas compromettre votre candidature. Voici comment aborder cette question de manière à la fois honnête et avantageuse :

Points Forts :

A. Soyez Spécifique :

Évitez les généralités. Identifiez deux ou trois points forts spécifiques qui sont pertinents pour le poste. Par exemple, au lieu de dire "Je suis travailleur", dites "Mon point fort réside dans ma capacité à rester concentré sur les tâches jusqu'à ce qu'elles soient achevées, ce qui garantit que je produis un travail de haute qualité."

B. Preuves Concrètes :

Appuyez vos points forts par des exemples concrets de situations où vous avez démontré ces compétences. Cela rend votre réponse plus crédible.

Points Faibles :

C. Soyez Honnête :

Ne prétendez pas que vous n'avez pas de points faibles. Tout le monde en a. Cependant, choisissez un point faible qui n'est pas essentiel pour le poste en question.

D. Montrez l'Amélioration :

Après avoir identifié un point faible, expliquez comment vous travaillez activement pour l'améliorer. Cela montre que vous êtes proactif et que vous cherchez constamment à vous améliorer.

E. Évitez les Fausses Faiblesses :

Ne dites pas que votre plus grand point faible est d'être "trop perfectionniste" ou "trop dévoué au travail." Ces réponses semblent insincères.

La clé pour répondre à cette question est de montrer que vous êtes conscient de vos points forts et de vos points faibles, que vous pouvez les gérer efficacement, et que vous êtes capable de vous améliorer. Ce sous-chapitre vous fournira des exemples spécifiques et des conseils pour répondre à cette question de manière stratégique sans compromettre votre candidature.

4. La Pratique des Réponses

La préparation des réponses aux questions courantes est cruciale pour réussir en entretien d'embauche, mais cela ne s'arrête pas à la simple réflexion. La pratique est l'étape suivante et elle est essentielle pour rendre vos réponses naturelles, convaincantes et mémorables.

Ce sous-chapitre vous guidera à travers des techniques de pratique efficaces, que vous pouvez effectuer seul ou avec un partenaire. Voici quelques éléments clés à prendre en compte :

A. L'Enregistrement Audio ou Vidéo :

Enregistrez vos réponses à l'aide d'un enregistreur audio ou vidéo. Cela vous permettra de voir comment vous vous présentez et d'entendre comment vous vous exprimez. Vous pouvez ainsi ajuster votre langage corporel, votre ton de voix et vos expressions faciales pour paraître plus confiant.

B. La Mémorisation Structurée :

Ne mémorisez pas vos réponses mot à mot, car cela peut sembler artificiel. Au lieu de cela, mémorisez une structure ou un plan général pour chaque réponse. Cela vous permet de vous sentir plus à l'aise tout en étant capable de répondre de manière fluide.

C. Pratique de Réaction en Direct :

Si possible, pratiquez avec un partenaire qui peut poser des questions de manière aléatoire. Cela simule l'environnement réel de l'entretien et vous oblige à réfléchir rapidement.

D. Utilisation de Références et d'Astuces :

Pendant l'entraînement, utilisez des notes ou des astuces pour vous rappeler des points clés que vous souhaitez aborder. Cela vous évite de paniquer et de vous perdre en cours de route.

E. Feedback Constructif :

Si vous pratiquez avec un partenaire, demandez-lui de fournir un feedback constructif. Quels aspects de votre réponse étaient forts, et quels points pourraient être améliorés ?

La pratique régulière rendra vos réponses plus fluides, renforcera votre confiance en vous, et vous permettra de gérer les questions avec facilité. Ce sous-chapitre vous fournira des conseils et des méthodes pratiques pour vous entraîner efficacement en vue de l'entretien d'embauche.

5. La Gestion du Stress Pré-Entretien

L'entretien d'embauche est naturellement une situation stressante. Le stress et l'anxiété peuvent surgir à tout moment, du moment où vous recevez l'invitation à l'entretien jusqu'à la veille de la rencontre. Cependant, la manière dont vous gérez ces émotions peut faire toute la différence dans votre performance lors de l'entretien.

Ce sous-chapitre vous donnera un aperçu des stratégies pour gérer le stress pré-entretien de manière efficace. Voici quelques éléments clés à prendre en compte :

A. La Préparation :

La première étape pour gérer le stress est une préparation adéquate. Plus vous êtes préparé, plus vous vous sentirez confiant. Vous saurez que vous avez fait tout ce que vous pouviez pour réussir.

B. La Respiration Profonde et la Méditation :

La respiration profonde et la méditation sont d'excellentes méthodes pour calmer les nerfs. Elles peuvent vous aider à vous détendre et à rester concentré.

C. La Visualisation Positive :

En visualisant le succès, vous pouvez réduire l'anxiété. Imaginez-vous en train de répondre aux questions de manière convaincante, de créer un lien avec les recruteurs, et de quitter la salle d'entretien avec confiance.

D. L'Évitement des Informations Inutiles :

Évitez de rechercher des informations inutiles sur l'entreprise ou de vous perdre dans des détails non pertinents. Cela peut augmenter votre anxiété.

E. La Gestion du Temps :

Prévoyez suffisamment de temps pour vous rendre à l'entretien. Le stress peut augmenter si vous êtes en retard ou si vous vous précipitez.

F. La Répétition des Affirmations Positives :

Les affirmations positives peuvent renforcer votre confiance. Répétez des phrases positives comme "Je suis prêt pour cet entretien" pour vous mettre dans un état d'esprit positif.

La gestion du stress est une compétence qui s'apprend et qui s'améliore avec la pratique. En utilisant les stratégies de ce sous-chapitre, vous pouvez vous assurer que le stress n'entravera pas votre performance lors de l'entretien d'embauche. Vous serez mieux préparé à rester calme, concentré et confiant, quelles que soient les circonstances.

Résumé du Chapitre 3 : La Préparation à l'Entretien d'Embauche

La préparation à l'entretien d'embauche est une étape incontournable pour maximiser vos chances de succès. Ce chapitre vous a guidé à travers les aspects clés de la préparation, en mettant l'accent sur la recherche sur l'entreprise, la préparation des réponses aux questions courantes, la pratique, et la gestion du stress.

La recherche sur l'entreprise vous a appris à plonger profondément dans l'univers de l'entreprise, en comprenant sa culture, ses valeurs, sa mission et son histoire. Cela vous permet de personnaliser vos réponses et de montrer aux recruteurs que vous avez investi du temps et de l'effort pour comprendre l'entreprise.

La culture de l'entreprise est un élément essentiel de cette recherche, car elle vous permet de comprendre comment les employés interagissent, les valeurs qui les guident, et comment l'entreprise se positionne dans son secteur.

Les valeurs de l'entreprise sont également un point focal de la recherche, car elles guident les décisions et le comportement de l'entreprise. Comprendre ces valeurs vous aide à montrer que vous êtes aligné avec la vision de l'entreprise.

Le chapitre vous a également préparé à répondre aux questions courantes en entretien, en mettant l'accent sur la question "Parlez-moi de vous", "Pourquoi devrions-nous vous embaucher ?" et sur la manière de gérer la question des points forts et faibles de manière stratégique.

La préparation ne s'arrête pas à la réflexion, elle nécessite également la pratique. Vous avez appris comment enregistrer vos réponses, les mémoriser de manière structurée, pratiquer en réaction en direct, et utiliser des références pour vous rappeler des points clés.

Enfin, le chapitre a mis en lumière l'importance de la gestion du stress pré-entretien. Des stratégies de gestion du stress, telles que la respiration profonde, la méditation, la visualisation positive, et la répétition d'affirmations positives, vous aident à rester calme et concentré avant l'entretien.

En comprenant et en maîtrisant ces aspects de la préparation, vous serez mieux préparé à briller en entretien et à montrer aux recruteurs que vous êtes le candidat idéal pour le poste. La préparation vous confère une confiance inébranlable et une longueur d'avance significative pour réussir dans le monde compétitif des entretiens d'embauche.

Chapitre 4 : L'Entretien d'Embauche en Pratique

L'entretien d'embauche en pratique est le moment où vous mettez en œuvre toute votre préparation et où vous montrez concrètement votre confiance en vous. Ce chapitre se concentre sur les compétences et les techniques essentielles pour briller lors de cet entretien déterminant.

Nous explorerons les aspects fondamentaux de l'entretien d'embauche, en commençant par l'art de la communication non verbale. Votre langage corporel, votre posture, et votre contact visuel en disent souvent autant, voire plus, que vos paroles. Nous examinerons comment utiliser ces éléments pour communiquer de manière efficace et confiante.

La gestion du discours est également un élément clé. Cela inclut l'écoute active, qui démontre votre intérêt pour l'entreprise et le poste, ainsi que la capacité à répondre de manière claire et concise. Poser des questions pertinentes est également essentiel pour montrer votre engagement et obtenir les informations dont vous avez besoin.

Les questions difficiles sont inévitables en entretien. Nous vous préparerons à gérer des sujets délicats, tels que les lacunes dans le CV ou les conflits passés, de manière à mettre en avant votre capacité à gérer les défis.

Montrer de l'enthousiasme est un moyen puissant de laisser une impression positive. Nous verrons comment exprimer votre intérêt pour le poste et l'entreprise de manière authentique.

Enfin, la clôture de l'entretien est une étape cruciale souvent négligée. Nous vous montrerons comment quitter l'entretien sur une note positive et laisser une dernière impression mémorable.

Ce chapitre est conçu pour vous équiper des compétences et des connaissances nécessaires pour briller en entretien d'embauche. En combinant ces techniques avec votre préparation et votre confiance en vous, vous serez prêt à affronter n'importe quelle interview avec succès.

L'Art de la Communication Non-Verbale

La communication non verbale est un élément essentiel de l'entretien d'embauche, souvent sous-estimé. Votre langage corporel, votre posture, et votre contact visuel jouent un rôle crucial dans la manière dont vous êtes perçu par les recruteurs.

1. La Posture

Votre posture en dit long sur votre niveau de confiance. En entretien d'embauche, l'art de bien se tenir est un atout considérable. Une posture droite et ouverte démontre assurance et engagement, tandis qu'une posture fermée peut être interprétée comme de la réserve ou de l'insécurité.

Lorsque vous entrez dans la salle d'entretien, tenez-vous droit, les épaules légèrement en arrière, et la tête haute. Cela envoie un message clair : vous êtes à l'aise et prêt à relever le défi. Évitez de vous affaler ou de vous recroqueviller. Gardez les pieds fermement ancrés au sol pour montrer que vous êtes stable et confiant.

Votre posture ne doit pas seulement être maintenue en début d'entretien. Elle est essentielle tout au long de la conversation. Même si l'anxiété peut tenter de vous faire adopter une posture plus fermée, fournissez un effort conscient pour rester ouvert et engagé. Cela démontrera votre détermination à faire face à la situation avec confiance.

En maîtrisant l'art de la posture, vous renforcez votre communication non verbale et renvoyez l'image d'un candidat qui inspire confiance et professionnalisme. Une bonne posture peut compléter et renforcer vos réponses verbales, contribuant ainsi à une impression positive sur les recruteurs. C'est un aspect souvent négligé de la préparation à l'entretien, mais il peut faire une énorme différence dans la façon dont vous êtes perçu.

2. Le Contact Visuel

Le contact visuel est un élément clé de la communication non verbale en entretien d'embauche. Il constitue un moyen puissant d'établir une connexion authentique avec vos intervieweurs, montrant que vous êtes engagé dans la conversation et que vous avez confiance en vous.

Lorsque vous répondez à une question ou que vous parlez de votre expérience, assurez-vous de maintenir un contact visuel avec les personnes présentes. Cela signifie regarder directement dans les yeux de votre interlocuteur, sans pour autant les fixer intensément de manière intimidante. Le contact visuel démontre que vous êtes attentif, que vous écoutez activement et que vous n'avez rien à cacher.

Cependant, il est important de trouver un équilibre. Un contact visuel constant peut être perçu comme intrusif, tandis qu'un manque de contact visuel peut donner l'impression que vous êtes nerveux ou peu sûr de vous. L'objectif est d'établir une connexion naturelle avec vos intervieweurs, de montrer que vous êtes à l'aise dans la conversation et que vous êtes prêt à interagir de manière ouverte et positive.

Le contact visuel est un aspect essentiel de la communication non verbale qui peut grandement influencer la manière dont vous êtes perçu en entretien d'embauche. En le maîtrisant, vous renforcez votre capacité à établir une relation positive avec les recruteurs, ce qui peut jouer en votre faveur dans le processus de sélection.

3. Le Langage Corporel

Votre langage corporel joue un rôle crucial dans la manière dont vous êtes perçu en entretien d'embauche. Il englobe tous les gestes, les expressions du visage et les mouvements que vous faites pendant la conversation. Un langage corporel confiant et positif peut renforcer l'impact de vos paroles, tandis qu'un langage corporel nerveux ou négatif peut vous desservir.

Il est essentiel d'éviter les gestes nerveux, tels que jouer avec vos cheveux, tapoter vos doigts sur la table ou croiser les bras de manière défensive. Ces gestes peuvent trahir votre anxiété ou votre inconfort. Au lieu de cela, utilisez des gestes calmes et contrôlés pour renforcer vos paroles. Par exemple, des gestes ouverts et expressifs peuvent donner l'impression que vous êtes ouvert à la communication et que vous avez confiance en ce que vous dites.

De plus, un sourire chaleureux au bon moment peut créer une impression positive. Il montre que vous êtes à l'aise, amical et enthousiaste. Un sourire sincère peut également aider à établir une connexion authentique avec vos intervieweurs, ce qui est essentiel pour établir une relation de confiance.

En résumé, votre langage corporel est un aspect clé de la communication non verbale en entretien d'embauche. En évitant les gestes nerveux, en utilisant des gestes calmes et en sachant quand sourire, vous pouvez renforcer votre confiance en vous et améliorer votre présentation globale. Cela peut jouer un rôle essentiel dans la création d'une première impression positive et mémorable.

L'art de la communication non verbale consiste à être conscient de ces signaux et à les utiliser pour renforcer votre confiance et votre présence en entretien. Une communication non verbale forte peut compléter et appuyer vos réponses verbales, renforçant ainsi l'image d'un candidat confiant et compétent. Ce sous-chapitre vous aidera à maîtriser ces aspects essentiels pour réussir en entretien d'embauche.

La gestion du discours

Lors d'un entretien d'embauche, la manière dont vous gérez votre discours est cruciale pour transmettre votre confiance en vous et votre adéquation au poste. Ce sous-chapitre abordera divers aspects de la gestion du discours, qui sont essentiels pour réussir en entretien.

1. Écouter activement

L'écoute active est une compétence fondamentale en entretien d'embauche. Écouter attentivement ce que disent les recruteurs est essentiel pour comprendre leurs attentes et pour répondre de manière appropriée. Voici quelques conseils pour une écoute active efficace :

- Concentrez-vous sur ce que dit l'intervieweur sans vous laisser distraire par des pensées internes.
- Montrez que vous écoutez en hochant la tête de manière affirmative et en faisant des commentaires appropriés.
- N'hésitez pas à poser des questions de clarification si nécessaire pour vous assurer d'avoir bien compris.

L'écoute active démontre votre intérêt pour l'entreprise et la capacité à comprendre les besoins de l'employeur.

2. Répondre de manière claire et concise

Répondre de manière claire et concise est un signe de confiance en soi et de compétence. Évitez de vous perdre dans des réponses longues et désorganisées. Voici quelques directives pour des réponses efficaces :

- Structurez vos réponses en utilisant une approche claire, en trois parties : introduction, détails et conclusion.
- Évitez les informations inutiles et concentrez-vous sur les points clés.
- Ne pas hésiter à demander à l'intervieweur si vous répondez à sa question ou s'il a besoin de plus de détails.

Répondre de manière concise montre que vous êtes bien préparé et que vous avez la capacité de communiquer de manière efficace.

3. Poser des questions pertinentes

La capacité de poser des questions pertinentes montre non seulement votre intérêt pour le poste, mais aussi votre réflexion critique. Lorsque vous posez des questions, évitez les questions trop générales ou qui ont déjà été traitées pendant l'entretien. Au lieu de cela, concentrez-vous sur des questions spécifiques qui vous aideront à mieux comprendre l'entreprise, le poste et les attentes des recruteurs.

Poser des questions pertinentes peut également vous donner l'occasion de montrer comment vos compétences et votre expérience correspondent aux besoins de l'entreprise.

En résumé, la gestion du discours en entretien d'embauche est un aspect clé pour montrer votre confiance en vous et votre adaptabilité. En écoutant activement, en répondant de manière claire et concise et en posant des questions pertinentes, vous pouvez créer une impression positive et montrer que vous êtes un candidat exceptionnel.

44

Gérer les questions difficiles

Lors d'un entretien d'embauche, il est courant de faire face à des questions difficiles qui peuvent mettre à l'épreuve votre confiance en vous. Dans ce sous-chapitre, nous aborderons comment gérer ces questions avec assurance et diplomatie.

1. Les lacunes dans le CV

Lorsque les recruteurs repèrent des lacunes dans votre CV, il est important de les aborder de manière transparente. Évitez de donner des réponses évasives ou défensives. Voici comment gérer les lacunes dans le CV de manière constructive :

- Soyez honnête : Admettez les lacunes, mais expliquez-les de manière positive. Par exemple, si vous avez une période de chômage, expliquez que vous l'avez utilisée pour acquérir de nouvelles compétences ou pour voyager, ce qui vous a permis d'élargir vos horizons.

- Mettez l'accent sur l'apprentissage : Montrez comment ces lacunes vous ont aidé à grandir en tant que professionnel. Vous pouvez expliquer comment vous avez utilisé ce temps pour développer des compétences transférables.

- Mettez en avant votre adéquation : Ré-emphasez comment vos compétences et expériences correspondent aux besoins de l'entreprise malgré ces lacunes.

2. Les conflits passés

Lorsqu'on vous interroge sur des conflits passés avec des collègues ou des supérieurs, il est essentiel de répondre de manière professionnelle et constructive. Voici quelques conseils pour gérer ces questions délicates :

- Restez calme : Montrez que vous pouvez gérer des situations tendues avec maturité.

- Évitez de blâmer : Ne rejetez pas la faute sur l'autre partie. Au lieu de cela, expliquez comment vous avez contribué à résoudre le conflit ou à tirer des leçons de l'expérience.

- Mettez en avant la résolution : Parlez des mesures que vous avez prises pour résoudre le conflit ou pour améliorer la situation.

- Restez positif : Montrez comment cette expérience a renforcé vos compétences en communication, votre résilience et votre capacité à travailler en équipe.

En gérant les questions difficiles avec calme, honnêteté et positivité, vous pouvez montrer que vous êtes capable de faire face à des situations complexes avec confiance et maturité.

En résumé, les questions difficiles en entretien d'embauche ne doivent pas être redoutées, mais plutôt perçues comme une opportunité de montrer votre capacité à gérer des situations complexes. En répondant de manière honnête, positive et en mettant en avant votre capacité à apprendre et à évoluer, vous renforcerez votre confiance en vous et votre attractivité en tant que candidat.

Montrer de l'enthousiasme : Attirer les recruteurs avec votre passion

L'enthousiasme est contagieux. Lors d'un entretien d'embauche, il peut faire la différence entre un candidat mémorable et un oubliable. Ce sous-chapitre explorera l'importance de montrer de l'enthousiasme et de passion pour le poste que vous convoitez. Nous aborderons les avantages de cette attitude positive, comment l'exprimer sans paraître exagéré, et comment l'enthousiasme peut renforcer votre confiance en vous.

L'enthousiasme ne consiste pas seulement à sourire et à hocher la tête frénétiquement. Il s'agit de démontrer que vous êtes véritablement investi dans l'opportunité d'emploi, que vous croyez en l'entreprise, et que vous avez hâte de contribuer à son succès. Cela peut être une arme secrète pour séduire les recruteurs et vous démarquer des autres candidats. Nous vous guiderons sur la manière de montrer de l'enthousiasme de manière authentique et convaincante.

Les recruteurs cherchent des candidats qui non seulement possèdent les compétences nécessaires, mais qui apportent également une énergie positive à l'équipe. L'enthousiasme montre que vous êtes une personne proactive, prête à relever les défis avec détermination. Nous vous apprendrons à canaliser cet enthousiasme pour qu'il devienne un atout puissant dans votre arsenal d'entretien d'embauche.

Alors, comment pouvez-vous démontrer de l'enthousiasme sans paraître exagéré ou désespéré ? Comment pouvez-vous montrer que vous êtes passionné par l'opportunité sans en faire trop ? Ce sous-chapitre répondra à ces questions tout en vous aidant à développer votre propre style d'expression de l'enthousiasme.

Dans un marché du travail compétitif, montrer de l'enthousiasme peut être le petit plus qui fera de vous le candidat idéal. Nous explorerons des stratégies et des conseils pratiques pour mettre en avant votre passion de manière naturelle et convaincante. Que vous soyez introverti ou extraverti, vous découvrirez comment faire preuve d'enthousiasme de manière qui vous correspond.

Le sous-chapitre "Montrer de l'enthousiasme" vous préparera à aborder l'entretien d'embauche avec une attitude positive et à captiver les recruteurs avec votre passion pour le poste et l'entreprise. Votre enthousiasme peut être le facteur décisif qui vous propulsera au sommet de la liste des candidats retenus.

Le Chapitre 4 de "Confiance en Soi en Entretien d'Embauche" explore l'art de l'entretien d'embauche en action, en se penchant sur des aspects cruciaux de la communication et de la gestion des questions difficiles. Ce chapitre prépare les lecteurs à se démarquer lors de leur entretien grâce à une communication non verbale efficace, à une gestion habile du discours, et à la maîtrise des questions délicates. Voici un aperçu de chaque sous-chapitre :

- L'art de la communication non verbale :

Votre langage corporel, votre posture et votre contact visuel en disent long sur votre confiance et votre engagement. Apprenez à utiliser ces éléments pour renforcer votre présence en entretien.

- La gestion du discours :

La communication verbale est essentielle pour transmettre vos compétences et votre adéquation au poste. Découvrez comment écouter activement, répondre de manière concise, et poser des questions pertinentes pour créer une conversation positive.

- Gérer les questions difficiles :

Soyez prêt à faire face à des questions délicates sur les lacunes de votre CV ou les conflits passés. Apprenez à répondre de manière honnête tout en mettant en avant vos atouts.

- Montrer de l'enthousiasme :

L'enthousiasme est contagieux. Comprenez comment montrer votre passion pour le poste et l'entreprise de manière authentique sans paraître exagéré.

- La clôture de l'entretien :

Apprenez comment conclure l'entretien de manière mémorable, laissant une dernière impression positive et exprimant votre intérêt pour le poste.

Chacun de ces sous-chapitres offre des conseils, des stratégies et des techniques pratiques pour vous aider à briller en entretien, en montrant aux recruteurs que vous êtes le candidat idéal pour le poste. La maîtrise de ces compétences clés vous aidera à renforcer votre confiance en vous et à maximiser vos chances de succès dans le processus de recherche d'emploi.

Chapitre 5 : La gestion des résultats post-entretien

L'entretien d'embauche peut être un moment intense et exaltant. Vous avez mis en œuvre vos compétences en confiance, communication et préparation pour briller devant les recruteurs. Cependant, l'entretien n'est que la première étape du processus de recrutement. Ce cinquième chapitre de "Confiance en Soi en Entretien d'Embauche" explore la gestion des résultats post-entretien, une phase souvent sous-estimée mais cruciale dans votre recherche d'emploi. Les sous-chapitres à suivre vous guideront à travers ce processus pour optimiser vos chances de succès. Voici un aperçu des sujets abordés :

1. L'attente des retours

L'attente des retours après un entretien d'embauche peut être une période stressante. Vous avez investi du temps et des efforts dans la préparation, et maintenant, il vous faut attendre la décision des recruteurs. Cependant, il existe des moyens de gérer cette phase d'attente anxiogène de manière plus sereine.

Tout d'abord, il est essentiel de rester patient. Les processus de recrutement peuvent être longs, en particulier si l'entreprise interviewe plusieurs candidats. Il est normal que cela prenne du temps. Gardez à l'esprit que le délai de réponse peut varier en fonction de la politique de l'entreprise et d'autres facteurs.

Gérer les attentes est également crucial. Il est préférable de ne pas mettre tous vos espoirs dans une seule opportunité. Continuez à postuler à d'autres postes et à explorer différentes options, car cela réduit la pression sur un seul entretien.

De plus, évitez de trop analyser chaque aspect de l'entretien. Il est naturel de repasser mentalement sur les questions posées et vos réponses, mais ne vous laissez pas submerger par des pensées négatives. Restez confiant dans le fait que vous avez fait de votre mieux.

Enfin, ne restez pas inactif pendant cette période d'attente. Continuez à développer vos compétences, à rechercher d'autres opportunités, et à rester connecté avec votre réseau professionnel. Cette attitude proactive vous aidera à garder un sentiment de contrôle et de confiance.

En gérant l'attente des retours de manière constructive et en évitant l'obsession, vous pouvez traverser cette phase avec moins de stress et d'anxiété, tout en restant concentré sur votre objectif de décrocher le poste que vous désirez.

La réflexion post-entretien

L'auto-évaluation est une étape cruciale dans le processus d'amélioration de vos compétences en entretien d'embauche. Après chaque entrevue, qu'elle soit fructueuse ou non, il est essentiel de prendre du recul et de réfléchir de manière constructive sur votre performance. Cette auto-évaluation vous permet de comprendre vos points forts et les domaines que vous devez améliorer pour de futurs entretiens.

Voici comment procéder à une auto-évaluation constructive :

1. Passez en revue l'entretien :

Prenez le temps de vous rappeler les détails de l'entretien. Revenez sur les questions qui vous ont été posées, les réponses que vous avez fournies, et les discussions que vous avez eues avec les intervieweurs. Notez les moments où vous vous êtes senti particulièrement confiant ou, au contraire, moins sûr de vous.

2. Identifiez vos points forts :

Identifiez les aspects de votre entretien où vous avez excédé. Cela pourrait être des réponses bien structurées, des exemples pertinents de votre expérience, ou une excellente communication non verbale. Mettre en évidence vos points forts est important pour les renforcer lors de vos prochaines entrevues.

3. Identifiez les domaines à améliorer :

Soyez honnête avec vous-même quant aux domaines où vous pourriez vous améliorer. Cela pourrait concerner la clarté de vos réponses, la gestion du stress, ou la manière dont vous avez répondu à certaines questions spécifiques. L'identification des domaines à améliorer est le premier pas vers le progrès.

4. Soyez constructif :

Plutôt que de vous critiquer durement, soyez constructif. Au lieu de dire "j'ai mal répondu à cette question", demandez-vous comment vous auriez pu répondre de manière plus efficace. Cela vous permettra de prendre des mesures pour vous améliorer.

5. Planifiez des actions correctives :

Une fois que vous avez identifié vos points forts et les domaines à améliorer, planifiez des actions correctives. Par exemple, si vous constatez que vous devenez nerveux en répondant à des questions techniques, envisagez de vous exercer davantage à ces questions spécifiques.

6. Entraînez-vous :

Mettez en pratique ce que vous avez identifié. Vous pouvez vous entraîner en simulant des entretiens avec un ami ou un conseiller en emploi, ou en enregistrant vos réponses pour une auto-évaluation.

L'auto-évaluation est un outil puissant pour renforcer vos compétences en entretien et augmenter votre confiance. Elle vous permet de transformer chaque entretien en une opportunité d'apprentissage, vous rapprochant ainsi de votre objectif de décrocher le poste idéal. En fin de compte, c'est en réfléchissant sur votre performance que vous pouvez vous améliorer et augmenter vos chances de succès lors de futurs entretiens d'embauche.

Les actions à entreprendre :

Après avoir passé un entretien d'embauche, il est essentiel de rester proactif dans le processus de recrutement. Cela signifie maintenir une communication professionnelle avec les recruteurs, faire un suivi approprié, envoyer des remerciements et, le cas échéant, effectuer des relances pour montrer votre intérêt et votre engagement envers le poste. Voici quelques mesures que vous pouvez prendre pour rester proactif après l'entretien :

1. Le suivi après l'entretien :

Envoyer un courriel de suivi ou une lettre de remerciement est une étape cruciale. Vous devriez adresser une note de remerciement personnalisée à chaque personne qui a participé à l'entretien. Exprimez votre gratitude pour l'opportunité et réitérez votre intérêt pour le poste. Cela montre que vous êtes attentionné et que vous appréciez le temps qu'ils ont investi pour vous rencontrer.

2. La réflexion post-entretien :

 Prenez du temps pour réfléchir sur l'entretien. Évaluez ce qui s'est bien passé et ce qui aurait pu être mieux. Identifiez les points forts de l'entretien et les domaines que vous souhaitez améliorer pour de futures rencontres. Cette réflexion post-entretien vous aidera à vous préparer pour d'autres entretiens à venir.

3. Les relances :

Si vous n'avez pas reçu de nouvelles du recruteur dans le délai convenu, n'hésitez pas à effectuer une relance. Envoyez un courriel poli pour exprimer votre intérêt continu pour le poste et demandez s'il y a eu des développements récents. Les relances montrent que vous êtes sérieux au sujet du poste, mais assurez-vous de ne pas être trop insistant.

4. La communication professionnelle :

Gardez à l'esprit que la communication avec les recruteurs doit toujours rester professionnelle. Évitez de les harceler avec des courriels ou des appels répétitifs. Soyez patient, respectez leurs délais, et montrez que vous comprenez leur processus de recrutement.

5. Restez ouvert :

Même si vous avez passé un excellent entretien, il est possible que l'entreprise ne vous choisisse pas. Restez ouvert à d'autres opportunités et continuez à postuler pour d'autres postes qui vous intéressent. La recherche d'emploi peut être un processus long, mais votre persévérance peut finir par être récompensée.

En restant proactif dans le processus de recrutement, vous montrez votre professionnalisme, votre détermination et votre sérieux. Cela peut renforcer votre image auprès des recruteurs et augmenter vos chances de succès. Que vous finissiez par décrocher le poste ou non, cette approche proactive vous aidera à construire des relations positives avec les employeurs et à tirer des leçons précieuses pour vos entretiens futurs.

La gestion des résultats post-entretien est une étape cruciale de votre recherche d'emploi. C'est un moment où vous pouvez prendre les rênes de votre propre destin professionnel, plutôt que de simplement attendre passivement une réponse. Ce chapitre vous préparera à gérer cette phase de manière confiante, concentrée et proactive, renforçant ainsi vos chances de décrocher le poste que vous visez.

Lorsque l'entretien est terminé, il est naturel de ressentir de l'anxiété et de l'incertitude, en vous demandant si vous avez réussi à convaincre les recruteurs que vous êtes le candidat idéal. Cependant, c'est précisément à ce moment que vous pouvez briller en montrant votre professionnalisme et en faisant preuve de confiance en vous.

L'attente des retours n'est pas une période de passivité, mais une opportunité de démontrer votre engagement envers le poste. Vous apprendrez à gérer cette attente avec patience et à gérer vos attentes de manière réaliste. L'auto-évaluation sera un outil essentiel pour améliorer votre performance future. Vous réfléchirez de manière constructive sur votre entretien, identifierez vos points forts et les domaines à améliorer.

Enfin, vous explorerez les mesures que vous pouvez prendre pour rester proactif dans le processus. Qu'il s'agisse de suivi, de remerciements ou de relances, vous apprendrez comment maintenir une communication professionnelle avec les recruteurs. En agissant de manière réfléchie et professionnelle, vous montrerez que vous êtes sérieux au sujet du poste et que vous êtes le candidat qui se démarque.

Ce chapitre vous armera de compétences essentielles pour gérer la phase cruciale qui suit l'entretien d'embauche. Vous serez mieux préparé à prendre les bonnes décisions, à continuer à avancer dans votre recherche d'emploi et à renforcer vos chances de succès. Au lieu de subir l'incertitude, vous deviendrez un acteur actif de votre propre avenir professionnel.

Au cours de ce voyage à travers les différents chapitres de "Confiance en Soi en Entretien d'Embauche," nous avons abordé un ensemble diversifié de compétences et de stratégies cruciales pour exceller lors d'entretiens d'embauche. Ces éléments sont conçus pour vous aider à augmenter votre confiance en vous et à améliorer vos performances tout au long de votre recherche d'emploi. Cette récapitulation des points clés vous aidera à avoir une vision globale de ce que vous avez appris et à vous préparer à appliquer ces connaissances dans votre prochaine entrevue.

Récapitulation des points clés

Tout au long de ce livre, nous avons parcouru un voyage de préparation, de pratique et de gestion des résultats en vue de réussir vos entretiens d'embauche. Vous avez acquis une compréhension approfondie de la manière de renforcer votre confiance, de vous préparer de manière proactive et de gérer chaque aspect crucial du processus. Pour récapituler, voici quelques-uns des points clés que nous avons abordé :

- La préparation est la clé de la confiance : L'apprentissage sur l'entreprise, la pratique des réponses et la gestion du stress sont des éléments essentiels de la préparation.

- La communication non verbale compte : Votre langage corporel, votre contact visuel et votre posture sont des éléments importants pour projeter la confiance en vous.

- Gérez les questions difficiles avec sérénité : Les questions sur les lacunes dans votre CV ou les conflits passés sont des opportunités pour briller.

- Montrez de l'enthousiasme : L'enthousiasme authentique est contagieux et peut vous distinguer des autres candidats.

- La gestion post-entretien est proactif : Restez actif dans votre recherche d'emploi en faisant un suivi approprié et en maintenant une communication professionnelle.

*L'importance de la confiance en soi dans la réussite d'un entretien d'embauche

La confiance en soi est l'élément fondamental qui lie tous les aspects d'une performance réussie en entretien d'embauche. Elle est la base sur laquelle vous construisez votre préparation, votre communication et votre gestion post-entretien. La confiance vous permet de vous exprimer de manière convaincante, d'établir une connexion avec les intervieweurs et de rester proactif dans la poursuite de votre objectif.

La confiance ne se limite pas à l'entretien, elle est un atout qui vous accompagne tout au long de votre carrière. Elle vous aide à relever des défis, à saisir des opportunités et à évoluer. En fin de compte, la confiance en soi est un investissement précieux pour votre succès professionnel.

Les prochaines étapes pour développer et maintenir la confiance en soi en entretien d'embauche

Ce livre a jeté les bases pour renforcer votre confiance en vous en entretien d'embauche, mais le voyage ne s'arrête pas ici. Les prochaines étapes consistent à mettre en pratique ce que vous avez appris, à vous perfectionner et à vous adapter. Continuez à vous exercer, à solliciter des retours d'information, et à apprendre de chaque entretien, qu'il soit couronné de succès ou non.

Le développement de la confiance en soi est un processus continu. Soyez ouvert à l'amélioration, à l'exploration de nouvelles techniques et à l'adaptation à différentes situations. Et n'oubliez pas que la confiance en soi, une fois développée, ne se limite pas aux entretiens d'embauche. Elle enrichit votre vie professionnelle et personnelle en vous permettant de réaliser votre plein potentiel.

En vous engageant à renforcer votre confiance en vous, en apprenant à vous préparer avec soin, en perfectionnant votre communication et en restant proactif dans votre recherche d'emploi, vous avez pris une décision positive pour votre avenir professionnel. N'oubliez jamais que la confiance en soi est un atout précieux, et elle vous guidera vers de nouveaux sommets dans votre carrière. Bonne chance dans vos futurs entretiens d'embauche, et souvenez-vous que vous avez tout ce qu'il faut pour réussir !